MENTIRAS
QUE LAS
Jóvenes
CREEN

Y LA VERDAD QUE LAS HACE LIBRES

MENTIRAS QUE LAS JÓVENES CREEN

Y LA VERDAD QUE LAS HACE LIBRES

NANCY DeMOSS WOLGEMUTH
Y DANNAH GRESH

EDITORIAL
PORTAVOZ

La misión de *Editorial Portavoz* consiste en proporcionar productos de calidad —con integridad y excelencia—, desde una perspectiva bíblica y confiable, que animen a las personas a conocer y servir a Jesucristo.

Título del original: *Lies Young Women Believe*, © 2008 por Nancy Leigh DeMoss, © 2018 Revived Hearts Foundation, y publicado por Moody Publishers 820 N. LaSalle Boulevard, Chicago, IL 60610. Traducido con permiso.

Edición en castellano: *Mentiras que las jóvenes creen y la verdad que las hace libres*, © 2019 por Editorial Portavoz, filial de Kregel Inc., Grand Rapids, Michigan 49505. Todos los derechos reservados.

Imagen de la manzana en la portada: copyright © 2016 by Dimitrios Stefanidis/iStock (629734762). Todos los derechos reservados.

Imágenes: Garden of Eden © Ng/Dreamstime; flourish © Pasko Maksim/Shutterstock; abstract flourish © Gala/Shutterstock.

EDITORIAL PORTAVOZ
2450 Oak Industrial Drive NE
Grand Rapids, Michigan 49505 USA
Visítenos en: www.portavoz.com

ISBN 978-0-8254-5883-5 (rústica)
ISBN 978-0-8254-6782-0 (Kindle)
ISBN 978-0-8254-7604-4 (epub)

1 2 3 4 5 edición / año 28 27 26 25 24 23 22 21 20 19

Impreso en los Estados Unidos de América
Printed in the United States of America

Recomendación para padres y líderes juveniles

En los meses de trabajo con los grupos de enfoque y a través de las conversaciones que dieron origen a este libro hemos llegado a amar entrañablemente a esta generación de jovencitas. También hemos conocido más a fondo la gravedad del engaño y las tinieblas que ellas enfrentan. Con el fin de realzar el brillo de la luz en medio de las tinieblas, consideramos necesario expresar de manera directa y específica diversos temas críticos, entre ellos la sexualidad, los desórdenes alimenticios y las prácticas ocultas.

Si bien hemos procurado ser discretas, hemos querido hablar sin rodeos y no eludir temas que sabemos que muchas jovencitas enfrentan. Si les preocupa en cierta manera el manejo de estas temáticas, recomendamos leer el libro antes de darlo a conocer a sus hijas o a las jovencitas de sus grupos juveniles. Quizá también les gustaría leerlo con ellas.

Gracias por su dedicación a estas jovencitas. Nuestra oración es que el Señor use sus esfuerzos para lograr influir profundamente en sus vidas hasta la eternidad, que ellas siempre amen la verdad y que la luz de Cristo resplandezca a través de ellas en el mundo en que viven.

Nancy y Dannah

CONTENIDO

INTRODUCCIÓN

Más de 1.000 jóvenes
han respondido nuestro
cuestionario de
MENTIRAS FLAGRANTES.

Mentiras flagrantes

Este es un **desafío** a responder {UN PEQUEÑO CUESTIONARIO} que te **abrirá** los ojos.

Desde sus primeros años de secundaria, cuando sus padres se divorciaron, nuestra amiga Erin Davis sufría de ataques de pánico. Ocurrían casi siempre en la noche, y le seguían unas pesadillas espantosas. Muchas veces, apenas podía respirar cuando se despertaba. Temía acostarse a dormir porque nunca sabía si se despertaría en medio de la noche sintiéndose ahogada de espanto. Erin fue a la universidad y se casó con su amor de la secundaria. Juntos servían en el ministerio de jóvenes de su iglesia, pero ella ocultaba el hecho de que todavía sufría de pánico y temor.

Agotada y completamente exhausta, al fin pidió a unos amigos que oraran con ella para discernir la posible causa de estos repentinos y repetitivos ataques de miedo que la paralizaban. Los amigos le preguntaron qué clase de pensamientos se cruzaban por su mente durante sus ataques. A medida que Erin contaba lo que sentía en esos momentos, se hizo evidente que sus ataques de pánico eran reacciones a pensamientos y creencias implícitas que simplemente no eran verdad. Sus sentimientos eran muy reales, pero se basaban en algunas mentiras bastante serias y destructivas. Mentiras como:

Mentira #1:	Todos me abandonan.
Mentira #2:	Tengo que ver por mí misma.
Mentira #3:	No puedo exponer mi corazón o van a pisotearlo.

Aunque para los amigos de Erin fue fácil percatarse de que estas declaraciones eran contrarias a la verdad de Dios, faltaba que *ella* se diera cuenta. Mientras oraban juntos, sus amigos le pidieron que pensara en lo que Dios decía al respecto. Estas fueron sus conclusiones:

Mentira #1: Todos me abandonan.

VERDAD #1: *"Nunca te dejaré ni te abandonaré"*.

Mentira #2: Tengo que ver por mí misma.

VERDAD #2: *"Estad quietos y conoced que yo soy Dios"*.
(Erin se dio cuenta de que ella intentaba jugar el papel de Dios en su propia vida).

Mentira #3: No puedo exponer mi corazón o van a pisotearlo.

VERDAD #3: *"Sabrán que somos sus discípulos por nuestro amor"*.

En caso de que no lo hayas notado, las verdades en las que Erin se centró en esos tiempos de oración son pasajes poderosos de las Escrituras que se encuentran justamente en la Biblia. Ese día, estos versículos se volvieron el eje de su grupo de oración. En el trascurso de los días siguientes, ella siguió meditando en ellos y empezó a "reprogramar" su pensamiento.

¡Los resultados fueron asombrosos! Días después, cuando Erin conducía de regreso a casa y se hospedó sola en un hotel del camino, pasó su primera noche en años sin sufrir el acostumbrado ataque de pánico. Sus padres siguen divorciados. Ella todavía lucha en ocasiones con el miedo, pero raras veces aparece con la intensidad que la atormentó cada noche durante casi diez años.

Las mentiras que ella creyó en determinado momento la tenían cautiva, y solo la verdad pudo liberarla de esas cadenas.

Creemos que la gran mayoría de jóvenes cristianas (y otras no tan jóvenes, por cierto) están sufriendo las consecuencias de creer mentiras. Dichas consecuencias incluyen relaciones rotas, miedo, depresión y culpa, entre muchas otras.

CAUTIVERIO
m. esclavitud; estar atado a un poder externo.

Los resultados que acarrea el hecho de creer una mentira pueden ser tan extensos como la lista de mentiras que es posible creer. Con todo, si hay una palabra que define el resultado de creer cualquier mentira, ésta sería "cautiverio". El diccionario define *cautiverio* como "esclavitud... estar atado por un poder externo... hallarse bajo el control de una fuerza o influencia". En otras palabras, cuando tú crees una mentira, esa mentira puede empezar a controlar áreas de tu vida.

La Biblia dice que "el que es vencido por alguno es hecho esclavo del que lo venció" (2 Pedro 2:19).

➡ ¿Hay algo en tu vida que acapara toda tu energía y tus pensamientos? ¿Quizá sea la comida, los hombres o tu apariencia?

➡ ¿Sientes como si tu vida fuera controlada por emociones poderosas como el miedo, la depresión, la ira, la soledad, los celos o la autocompasión?

➡ ¿Puedes identificar algunos hábitos dañinos o patrones de comportamiento como provocarte heridas, tomar bebidas alcohólicas, usar drogas o sexo que te resulta imposible dejar o cambiar?

Queremos que sepas que no estás sola. Para escribir este libro hablamos con más de mil jovencitas de todo el país. Hemos buscado evidencias de mentiras que ellas podrían estar creyendo y que las mantienen cautivas.

No tuvimos que indagar mucho. Muchas de ellas estuvieron dispuestas a confesarnos que creían mentiras satánicas acerca de ellas mismas, de sus padres, de sus relaciones e incluso de Dios. Las 25 mentiras que tratamos en este libro se basan en las declaraciones de estas jóvenes, en confesiones como *"Yo no valgo"*, *"No tengo amigos"* o *"Nunca podré vencer mi pecado"*. Esta clase de afirmaciones confirmaron la inquietud que en un principio nos movió a escribir este libro:

NUESTRO CUESTIONARIO DE **MENTIRAS FLAGRANTES**

Lo que nos hemos propuesto con este libro es dejar en evidencia al engañador y cualquier mentira suya que hayas llegado a creer. Quisimos identificar con el mayor acierto las problemáticas que tú y tus amigas enfrentan. Con ese fin, nuestro equipo se lanzó a pedir a más de 1.000 jóvenes de diez ciudades diferentes que respondieran nuestro cuestionario nacional de **mentiras flagrantes**.

Cerca de 100 de ellas participaron en un grupo informal de discusión durante dos horas. Éste incluyó un sondeo cuyo propósito fue revelar las áreas de sus vidas en las cuales se había enraizado el engaño. Las demás participaron en encuestas más breves cuyo propósito fue confirmar nuestros hallazgos anteriores en entrevistas personales con otras jovencitas.

El resultado: descubrimos **25** de las mentiras más comunes que creen las jóvenes de tu edad. Es probable que en este momento estas mentiras estén flagrantes en tu vida. ¡Aquí estamos para extinguirlas con una dosis de verdad!

 NOS HAN MENTIDO.
HEMOS SIDO ENGAÑADAS.

TODO COMENZÓ CON LA PRIMERA MUJER EN LA HISTORIA DE LA HUMANIDAD.

Satanás en persona, el padre de toda mentira, se acercó a Eva en el huerto de Edén. Ella creyó las mentiras del engañador. El daño que ha sufrido nuestro mundo por ese solo acontecimiento es incalculable. ¡Así de devastadoras son las mentiras! De hecho, una sola mentirita puede poner tu mundo de cabeza.

Desde entonces, las mentiras de Satanás han seguido afectando la manera de pensar de todas nosotras. Están por todas partes. Están en las páginas de las revistas que leemos y en las películas que vemos. Invaden la televisión y la Internet. Se encuentran en los mensajes de texto que recibimos y en las conversaciones que sostenemos con nuestros amigos. ¡Incluso las oímos repercutir en nuestra mente y empezamos a mentirnos a nosotras mismas!

Sin embargo, muchas de las jovencitas con quienes hablamos no podían ver el engaño a pesar de que a todas luces padecían las consecuencias emocionales, físicas, espirituales y relacionales de esas mentiras. Esa es la parte difícil: las mentiras son engañosas por naturaleza y no es fácil detectarlas. Es posible tragarse una mentira repugnante y destructiva, con anzuelo y todo, cuerda y plomada, sin siquiera darse cuenta.

Estamos convencidas de que aunque muchas jóvenes están experimentando las consecuencias destructivas de creer mentiras, no pueden ver la relación entre lo que viven y esas mentiras tan profundamente arraigadas. Esto nos lleva a preguntar: ¿Puedes ver el engaño en tu propia vida?

EL CUESTIONARIO "DETECCIÓN DE ASCUAS LATENTES"

Te desafiamos a tomar nuestro cuestionario "Detección de ascuas latentes" (es una versión abreviada de nuestro cuestionario sobre mentiras flagrantes que se realizó a nivel nacional). Está diseñado para revelar, sin precisión científica alguna, aquellas áreas en las cuales podrías estar experimentando engaño. (Es decir, ¡te dará una idea aproximada de dónde podría haber en tu vida ascuas latentes que solo esperan arder en llamas!).

Selecciona una de las dos opciones de cada renglón y encierra en un círculo la(s) palabra(s) que refleja(n) tu sentir o tu reacción **habitual**.

1 **Relajada** >>> o completamente estresada

2 Felizmente soltera o **desesperada por tener novio**

3 Contenta con lo que eres o **fea**

4 PERDONADA O CULPABLE

5 Decidida a entregarle tus problemas a Dios primero o **ansiosa por pedir primero el consejo de los amigos**

6 Contenta con los amigos que tengo o > **SOLITARIA**

7 **Amable** o > insoportable antes de mi período menstrual

8 SINCERA **O** HIPÓCRITA

9 Con mi mundo tecnológico bajo control o siento que me **MUERO** cuando no tengo mis mensajes de texto, mi Facebook y demás

10 Confiada en mi decisión de permanecer pura o **avergonzada por estar sola**

11 Contenta con lo que tengo o **ANSIOSA** por salir de compras ya mismo

12 **La misma siempre o diferente en función de quién me acompaña**

13 **De victoria en victoria** o incapaz de vencer ciertos pecados

14 Dispuesta a someterme o enojada con mis padres

15 **Confiada en la protección de Dios** o temerosa de Satanás

Está bien, no hace falta ser un experto para darse cuenta de que a la izquierda pusimos algunas descripciones sanas ("Libre de ascuas. ¡Eres una emisaria de la verdad para tu generación!") y otras descripciones dañinas a la derecha ("¡Alerta de ascuas latentes! ¡Estás en peligro!"). En la mayoría de las frases ¿qué clase de respuesta marcaste?

"LIBRE DE ASCUAS. ¡ERES UNA EMISARIA DE LA VERDAD PARA TU GENERACIÓN!"

Si la mayor parte del tiempo vives con emociones y relaciones positivas y sanas, gracias a Dios que te ha guardado. Sin embargo, no dejes de leer este libro. Es probable que tú no hayas creído mentiras, pero aun así formas parte de esta crisis generacional. Necesitamos que nos acompañes en el propósito de aplastar las mentiras que han asolado tu generación.

La Biblia dice que tenemos la responsabilidad de procurar restaurar a quienes se han alejado de la verdad. Dios quiere usarte para revelar la verdad a quienes están atrapados en el engaño. Consideramos que en estas páginas encontrarás aliento y las medidas prácticas para hacerlo.

"¡ALERTA DE ASCUAS LATENTES! ¡ESTÁS EN PELIGRO!"

Suponemos que tal vez te encuentras en el segundo grupo. En cierta medida, experimentas emociones negativas o reacciones dañinas cuya raíz son mentiras que has creído (a pesar de que todavía no has descubierto que son mentiras).

EL DESAFÍO DE
SANTIAGO 5

Hace varios años yo (Nancy) recibí una revelación mientras leía los dos últimos versículos del libro de Santiago en mi tiempo devocional:

Hermanos, si alguno de entre vosotros se ha extraviado de la verdad, y alguno le hace volver, sepa que el que haga volver al pecador del error de su camino, salvará de muerte un alma, y cubrirá multitud de pecados (Santiago 5:19-20).

Supe de inmediato por qué era importante que yo escribiera un libro titulado *Mentiras que las mujeres creen y la verdad que las hace libres.* He recibido cientos de cartas de mujeres que han leído el libro. Me han contado sus historias acerca de las mentiras que han creído y el daño que han causado en sus vidas. En muchos casos, las semillas de esas mentiras se plantaron en su mente desde que eran adolescentes, e incluso antes.

Muchas de esas mujeres han experimentado una libertad renovada gracias a que aprendieron a refutar las mentiras andando en la verdad. Sin embargo, anhelan haber conocido la verdad en una edad temprana, antes de que esas mentiras causaran tanto sufrimiento. Han preguntado: "¿Hay algún material que yo pueda usar con mis hijas adolescentes para que aprendan desde ahora la verdad y no tengan que sufrir como yo?".

Esa pregunta fue la que me llevó a aunar esfuerzos con mi amiga Dannah Gresh para escribir este libro.

Estás en la categoría "¡Alerta de ascuas latentes! ¡Estás en peligro!". ¿Qué nos hace pensar que te encuentras en este grupo? Bueno, hemos pasado por eso. Hemos tenido muchas luchas como las que presenta nuestro propio cuestionario.

Sin embargo, al igual que muchísimas mujeres, hemos aprendido cómo liberarnos de las mentiras que Satanás ha puesto en nuestro camino. Queremos mostrarte cómo puedes ser libre de cualquier mentira que has creído hasta ahora. Queremos que seas libre de la depresión, la culpa, la confusión, la condenación y el desánimo que vienen como resultado de creer esas mentiras.

Si no te libras de esas mentiras, podrías enfrentar graves peligros, tanto a corto como a largo plazo. No podemos quedarnos ahí paradas. Así que no vamos a andar con rodeos. Si has sido engañada, será imprescindible señalar la verdad clara y directa para rescatarte del engañador.

Así es como vemos esta situación: imagina que vamos a pasar la noche en tu casa y que en medio de la noche, mientras tratamos de dormir, percibimos un olor a humo y oímos el crujido de las llamas. Corremos por el pasillo, ¡y vemos que sale humo por debajo de la puerta de tu habitación! Sin mediar palabra, haríamos todo lo que esté a nuestro alcance para despertarte. No nos importaría que te enojaras con nosotras por despertarte en plena noche. ¡Haríamos todo lo posible por despertarte para que pudieras salir viva de allí!

Pues bien, amiga, no estamos en esa situación, pero estamos aquí para decirte que estás en "una casa en llamas". El mundo en el que vives enfrenta una profunda crisis generacional y hay por doquier mentiras flagrantes. Nuestra generación está bajo un ataque espiritual muy intenso. Y vamos a hacer nuestro mejor esfuerzo para despertarte.

> > >

¿Qué esperas?
Voltea la página.
¡EMPECEMOS A APAGAR EL FUEGO!

El panorama de las mentiras

PARTE
1

"El diablo… ha sido
homicida desde el principio,
y no ha permanecido en la verdad,
porque no hay verdad en él… porque
es mentiroso, y padre de mentira".

JUAN 8:44

El engañador

¿De dónde **vienen** las mentiras?

Hasta ese día, su vida había sido casi un cuento de hadas, una especie de paraíso.

Todo cambió cuando Tatiana tenía dieciséis años y se halló frente a su propio "árbol del conocimiento del bien y del mal". Su novio era cristiano. Oraba con ella. Le enviaba versículos bíblicos por mensajes de texto. Ella pensó que podía confiar en él. Nunca se habían sobrepasado físicamente. Pero ahora él quería más. Y ella tenía que decidir entre ceder o separarse de él.

Él le rogaba diciendo: *"¿Me amas de verdad?"*. Su pregunta era en realidad un ultimátum, y ella lo sabía: *"Demuéstrame que me amas o terminaré nuestra relación"*.

Su novio no era lo que ella pensaba que era. Eso estaba claro, pero ¿por qué ansiaba ella quedarse a su lado? ¿Por qué estaba dispuesta a casi cualquier cosa para no perderlo? ¿Por qué estaba siquiera contemplando la posibilidad de hacer algo que ella sabía que estaba mal?

Terminó deprimida. Estresada. Sola. Al final, cuando el dolor se volvió insoportable, buscó ayuda. Su líder de

UNA **PROPUESTA** NOVEDOSA

Este libro hablará mucho sobre Eva y sobre cómo creyó la mentira que le ha costado tanto sufrimiento a la humanidad. Es posible que conozcas bien su historia, pero vas a sentirte perdida si has olvidado lo que es el árbol del conocimiento del bien y del mal o si piensas que Eva fue hecha del dedo gordo del pie de Adán. (¡Te pillé! ¿Estás atenta?).

Tenemos una propuesta novedosa: nos gustaría que leyeras por tu cuenta la historia de Eva. Solo tienes que abrir tu Biblia en Génesis 2:15 y leer hasta el final del capítulo tres. Imagina que estás en el huerto más hermoso que jamás haya existido, y sumérgete en el drama de su historia. ¡Te prometemos que será como leer… una novela!

jóvenes empezó a orar con ella. Después de un tiempo de hablar con Dios, Tatiana y su líder de la iglesia simplemente se sentaron y esperaron en silencio.

Entonces empezaron a correr lágrimas por sus mejillas. "Mi vida entera es una mentira", dijo.

"¿Por qué", preguntó la mujer.

Tatiana abrió sus ojos y habló con seguridad: "Todas mis excelentes calificaciones. Todos mis trofeos de fútbol. Una habitación perfectamente ordenada. Nunca levantarse tarde. Nunca faltar a un solo tiempo devocional. Mi obsesión con sacar un puntaje perfecto en el examen de estado. Lo hago por la misma razón por la cual estoy contemplando la posibilidad de hacer esto con mi novio".

"¿Podrías explicarme cuál es la conexión aquí?", dijo la mujer.

Como solo Él puede hacerlo, Dios le había mostrado a Tatiana la raíz de su confusión y angustia emocional: "Me he dado cuenta de que yo creo que tengo que hacer todo bien para que me amen". La tentación de darle sexo a su novio era nada más que una mentira que ella había creído. Dios quería indagar profundamente en el corazón de Tatiana para sacar la mentira de raíz.

 Cuando dejé de inquietarme en un momento y por fin me tranquilicé, pude oír claramente la voz de Dios. Entendí. Dios me ama porque soy suya, no por lo que puedo hacer ni cuánto puedo lograr. Esa noche, Dios me mostró algo que no podía ver antes. Me di cuenta de que casi todo lo que hacía se basaba en esta mentira sobre mi desempeño. Comprender la verdad acerca de mi valor fue muy liberador.

A Tatiana le habían mentido. Partes de su historia te pueden parecer conocidas. O puede que tu historia sea muy diferente. Quizá la tuya sea un patrón de amistades inestables caracterizadas por momentos de mezquindad. Peleas constantes con padres que son demasiado controladores. O las ansias de que tus padres por fin se den cuenta de que estás viva. Hábitos secretos y vergonzosos. Malas calificaciones. Patrones y relaciones que en un principio eran fuente de preocupación ahora te parecen "normales".

HISTORIAS VERDADERAS

¡Este libro no es ficción! Tampoco quisimos que las historias citadas lo fueran. Aunque la historia de este capítulo es real, hemos preferido no usar el nombre verdadero de "Tatiana". ¡Haríamos lo mismo en tu caso! A lo largo del libro, si usamos un nombre sin apellido, sabrás que lo hemos cambiado.

Sin embargo, las consecuencias de depresión, confusión y soledad revelan que algo no está bien.

Un día, yo (Nancy) recibí una carta de una joven que se había criado en un hogar cristiano y había sido educada en casa. Incluso era consciente de que Dios tenía un llamado específico para su vida de servirle a Él. Sin embargo, su carta revelaba que algo no estaba bien. De hecho, las cosas estaban bastante mal:

 Estoy pasando por un momento muy difícil. La depresión profunda y la ira, entre muchas otras cosas, me han cambiado. Quiero acabar con mi vida o hacerme daño de verdad, a pesar de que siento que el Señor tiene un llamado especial para mí cuando sea mayor. Odio mi vida y a mi familia. Siento como si esto nunca fuera a terminar y como si tuviera que vivir así por el resto de mis días. Hemos ido a muchos médicos y nadie sabe lo que está causando esto.

Con solo mirarla, nunca hubieras adivinado lo que sucedía en el interior de esta joven. Cuando leí su carta me dolió el corazón y me pregunté cuántas más jovencitas de nuestros hogares e iglesias cristianas viven un conflicto similar.

Si ya has indagado todas las causas físicas posibles de tu situación, es posible que hayas creído una o más mentiras que se han arraigado en tu mente y te han puesto en cautiverio.

A fin de poder encaminarte a la libertad, debemos echar un vistazo a los orígenes de la lucha que todas tenemos

¿SIENTES QUE **NO HAY ESPERANZA**?

El suicidio es la tercera causa de mortalidad en los jóvenes entre los 15 y los 24 años.[1] Nos estremece la idea de que tú puedas estar luchando con semejante cautiverio emocional. Cuánto desearíamos estar a tu lado para abrazarte y decirte que hay esperanza. Lo decimos de todo corazón, de verdad que sí.

Si luchas con pensamientos suicidas, te rogamos que busques ayuda de inmediato:

➡ **Clama al Señor.** Pídele que te rescate de cualquier influencia maligna que intente destruirte.

➡ **Habla con tus padres, con tu pastor o líder juvenil, o con una mujer cristiana madura.** Pídeles que oren por ti y que te ayuden a superar este tiempo difícil de tu vida.

➡ **Habla ahora mismo con alguien mediante una línea de ayuda.** Recomendamos llamar a Enfoque a la Familia al número 1-800-A-FAMILY.

con el cautiverio. Para hacerlo, volvamos a centrar nuestra atención en la primera mujer que creyó una mentira.

DEFINICIÓN DE MENTIRA

Una mentira es "una declaración falsa cuyo propósito deliberado es engañar; una declaración falsa o imprecisa".[2] Otra definición es "un impostor". Una mentira es una impostora de la verdad. Muchas veces no detectamos las mentiras porque se camuflan muy bien.

En ese momento en el huerto, Eva conoció a un impostor con un plan diabólico. Él quería que Eva se volviera su esclava al rechazar a Dios y sus propósitos para su vida. La astuta serpiente preguntó: "¿Conque Dios os ha dicho: No comáis de *todo* árbol del huerto?" (Génesis 3:1b). Eso no es exactamente lo que Dios había dicho, pero sin duda sonaba parecido. Dios había dicho a Adán (y a Eva) que no podían comer del árbol del conocimiento del bien y del mal. Satanás usó una amañada combinación de verdades a medias y falsedades *presentadas* como verdad.

MENTIRA

f. *declaración falsa o imprecisa; impostor.*

Empezó a sembrar dudas en la mente de Eva acerca de lo que Dios había dicho en realidad. Cuando Eva le dijo que Dios había dicho que morirían si comían del fruto, él respondió con una serie de mentiras: *"No moriréis; sino que sabe Dios que el día que comáis de él, serán abiertos vuestros ojos, y seréis como Dios,* sabiendo el bien y el mal" (Génesis 3:4b-5). Él quería que ella le diera la espalda a Dios, que rechazara su verdad y que creyera sus mentiras amañadas. Y así lo hizo Eva.

Y eso es precisamente lo que el gran impostor también quiere que tú hagas.

EL ORIGEN Y EL PROPÓSITO DE LAS MENTIRAS

La Biblia nos dice que Satanás se disfraza de "ángel de luz" (2 Corintios 11:14). Ezequiel 28 cuenta la historia de cómo él aseguró que tenía el derecho a ser como Dios. Él es el impostor, y sus motivos son siempre y completamente maléficos, como Jesús mismo señaló:

> **El diablo… ha sido homicida desde el principio, y no ha permanecido en la verdad, porque no hay verdad en él. Cuando habla mentira, de suyo habla; porque es mentiroso, y padre de mentira** (Juan 8:44).

EL LENGUAJE DE SATANÁS ES LA MENTIRA. Él habla por medio

de diferentes voceros; a veces se sirve de gobernantes malvados, religiones falsas, redes sociales, Netflix, canciones populares e incluso de amigos para engañarnos.

¿Por qué nos miente? El versículo anterior sugiere que su objetivo final es nuestra destrucción. El fruto final de sus mentiras es la muerte, y empezamos a sufrir los resultados de esta "muerte" antes de que nuestros corazones dejan de latir. Observa lo que dijo Dios al primer hombre:

> "MAS DEL ÁRBOL DE LA CIENCIA DEL BIEN Y DEL MAL NO COMERÁS; PORQUE EL DÍA QUE DE ÉL COMIERES, CIERTAMENTE MORIRÁS" (GÉNESIS 2:17).

¿A qué se refería Dios cuando dijo que ellos morirían el día en que comieran del fruto prohibido? Es evidente que Eva no murió *físicamente* el día en que pecó por primera vez. Sin embargo, en el momento en que probó ese fruto, ella murió *espiritualmente*; quedó separada de Dios, que es vida.

El árbol de la vida quedó entonces fuera de su alcance, y ella fue expulsada del paraíso. Ahora sería esclava de sus propios deseos y elecciones pecaminosas y egoístas. Sufriría las consecuencias de vivir en un

EL ÁRBOL DEL **CONOCIMIENTO** DEL BIEN Y DEL MAL

Este era el árbol que se encontraba justo en medio del huerto de Edén y que Dios había prohibido a Adán (y de manera indirecta a Eva) comer de él. Ellos podían comer de todos los otros árboles del huerto, incluso del árbol de la vida. Cuando Adán y Eva eligieron desobedecer y comer del único árbol que Dios les había prohibido, ellos perdieron su "libertad para elegir". Ya no podían comer del árbol de la vida, y fueron expulsados del huerto.

mundo caído y resquebrajado, en vez de gozar del bienestar eterno de la vida en el paraíso. Ella y su esposo tendrían que llevar a cabo las responsabilidades básicas que son propias de la vida familiar y del trabajo con gran sufrimiento y tribulación. Con cada año que pasaba, esta pena desgastaría sus cuerpos y al final sufrirían la muerte física.

¡Qué cuadro tan gráfico es este para nosotras!

Cuando creemos y actuamos conforme a una mentira, como Eva, empezamos a experimentar las consecuencias. Nos volvemos más y más cautivas a maneras de vivir y de pensar falsas y destructivas. La meta final de Satanás es nuestra destrucción y muerte. Y no solo la muerte física en algún momento futuro. Él quiere que tú seas como tantos muertos en vida que deambulan por este mundo, que seas incapaz de gozar de Dios y de la vida para la cual Él te ha creado. Como ves, los zombies no son solamente los malos de las películas de horror o de Netflix. Deambular esclavizado al miedo y la muerte es para muchos un estilo de vida real.

EL BLANCO DE LAS MENTIRAS DE SATANÁS

Con sus mentiras, Satanás apunta a las mujeres.

Por razones que no podemos entender por completo, Satanás eligió a la mujer como el blanco de su primer engaño en el huerto de Edén. En el Nuevo Testamento, el apóstol Pablo señala en dos ocasiones que fue la mujer quien fue engañada: "la serpiente con su astucia engañó a Eva" (2 Corintios 11:3); "Adán no fue engañado, sino que la mujer, siendo engañada, incurrió en transgresión" (1 Timoteo 2:14).

Puede sonar como una acusación falsa, pero los hechos hablan por sí solos. Es evidente que Satanás puso la mira en Eva, quizá con la idea de que si lograba convencerla de su engaño, ella inclinaría a su esposo a comer con ella del fruto prohibido. Y eso fue precisamente lo que sucedió.

Y hasta el día de hoy, Satanás sigue apuntando a las mujeres de todas las edades para engañarlas.

 **Tu generación es bombardeada con más mensajes (muchos de ellos falsos) que cualquiera de las precedentes.**

Netflix, Pinterest, los mensajes de texto, Instagram, Snapchat... la lista sigue y cambia sin cesar. Con tantos medios, los mensajes con los que te bombardean son mucho más numerosos que lo que haya experimentado cualquier otra generación. Nunca antes una generación había sido tan expuesta a tantos mensajes a través de tantos medios diferentes.

El resultado es muy interesante. Los científicos sociales han observado que las generaciones más jóvenes que crecieron con la Internet han respondido a la sobrecarga de información volviéndose más precavidas.[3] La información disponible acerca de las consecuencias de algunas elecciones ha derivado en una tendencia a la baja en hábitos como fumar, beber alcohol, ver televisión e incluso el sexo. Más que las generaciones anteriores, la probabilidad de que bebas agua y entiendas que las bebidas gaseosas son malas para la salud es mayor.[4]

Sin embargo, toda esa fuerza de convicción coexiste con una de las mentalidades más confusas que cualquier generación pasada haya conocido a nivel moral. Ya no existe una sola fuente de influencia ni de verdad predominante. En lugar de eso, tu generación tiene la tendencia a determinar su posición moral basada en cómo te hace *sentir* y si hace *sentir* bien o mal a otros. *Si algo me hace feliz, debe ser correcto.*

Por ejemplo, el 75 por ciento de los estudiantes universitarios reconoce que hace trampa en los exámenes para obtener la calificación que desean. Cuando son descubiertos, casi la totalidad de ellos reconocen que hacer trampa está mal… a menos que logren pasar desapercibidos, y en ese caso creen que está bien. El término técnico para esta tendencia es "moralidad situacional". Tu generación, mucho más que la nuestra, es propensa a determinar lo bueno y lo malo según el contexto y no según unas normas morales establecidas.[5]

La "revolución de género" de nuestros días ilustra la manera como la "moralidad" depende de cómo nos hace sentir. Tu generación será la primera en llegar a la madurez en una cultura de género variable. Es decir, las personas consideran incluso que la clara e innegable diferenciación biológica entre masculino y femenino ya no define el género. Puedes nacer mujer, pero si te identificas como hombre, entonces ¿quién puede decir que en realidad no eres hombre?

¿Cómo llegamos a esto? Mediante historias. Historias de individuos que se sienten de una o de otra manera han afectado nuestras emociones. Hemos permitido que las historias se vuelvan normativas según como nos hacen sentir. ¿Consideras que hay un problema en esto? Eso nos parece.

¡Esperamos que a ti también! ¡Iniciemos un movimiento que resista y empiece a cambiar la tendencia actual de falsedad! Empecemos a mirar al Autor y la única fuente de verdad.

Y tomemos la determinación de vivir vidas que demuestren el poder y la belleza de la verdad delante de los que nos rodean.

Estamos aquí para animarte en esa dirección, para alimentar en ti una pasión por extinguir con la verdad las mentiras de Satanás. Antes de comenzar, hay algo que debes saber acerca de tu papel en estas mentiras.

 **Explora el siguiente capítulo.**

"...el que es vencido
por alguno es
hecho esclavo del
que lo venció".

2 PEDRO 2:19B

La engañada

¿Dónde adquieren las mentiras el **poder** para destruir nuestras vidas?

Catalina nunca tuvo sobrepeso.

Ni un solo día de su vida. De hecho, era bastante delgada. Y de acuerdo con los parámetros generales, era hermosa.

Pero las normas del mundo son despiadadas. En la actualidad, la modelo promedio pesa 23% menos que la mujer promedio.[1] Esta medida global de belleza es tan peligrosa que España, Italia y Australia han fijado parámetros industriales que exigen que las modelos profesionales tengan un determinado índice de masa corporal para que no caigan en la delgadez extrema. Sin embargo, esta mentalidad no ha hecho eco en los Estados Unidos. Todavía asesinamos a las jovencitas en aras de una norma inalcanzable de belleza, además del uso de drogas y la desnutrición. Esto ha llevado a que dos de cada tres niñas de doce años que sufren de *bajo peso* se consideran "gordas".[2]

Catalina tenía doce años cuando empezó a creer esto. A los catorce empezó a manifestarse en su comportamiento. La mayoría de días simplemente no comía. Programaba sus clases de secundaria de tal manera que evitaba la hora de almorzar. Cuando cedía y comía, lo hacía en exceso. Luego sentía el impulso incontenible de vomitar y la necesidad de correr grandes distancias.

Para cuando estaba en los últimos años de

UN RETRATO DE EVA

El nombre Eva, que se deriva de la palabra hebrea *kjavá* ("vivir"), significa "fuente de vida". Dios creó a Eva cuando Adán estaba solo. Tomó una costilla del costado de él y le dio forma de mujer. Aunque Eva juega un papel notable (y sobresaliente) en la historia humana, su nombre solo aparece cuatro veces en la Biblia.

NO MUERDAS LA CARNADA

Si alguna vez has ido a pescar, sabes que nada atraparás si te limitas a lanzar al agua un anzuelo y nada más. Los peces son mucho más listos. Si quieres atrapar un pez, tienes que poner alguna carnada en tu anzuelo.

Las mentiras de Satanás son la carnada que usa para atraparnos. Santiago 1:14-15 exhibe las tácticas que emplea Satanás para atraparnos: "sino que cada uno es tentado, cuando de su propia concupiscencia es atraído y seducido. Entonces la concupiscencia, después que ha concebido, da a luz el pecado; y el pecado, siendo consumado, da a luz la muerte".

Satanás aprovecha tus deseos y promete satisfacerlos bajo la única condición de que rechaces a Dios y desatiendas su Palabra. Pero él no se acerca y dice abiertamente: "Rechaza a Dios y desatiende su Palabra". En lugar de eso, te convence que probar algo una sola vez no hará daño. O te muestra que otros encuentran la felicidad cuando rechazan a Dios. El enemigo susurra: "Después de todo, ¿acaso no quiere Dios que seas feliz?".

Cuando muerdes la carnada, has dado a luz el pecado. La meta de Satanás es usar tu propio pecado para destruirte (Juan 10:10). Así que la próxima vez que seas tentada a hacer algo que sabes que no deberías hacer, recuerda que detrás de ello hay un anzuelo. No muerdas la carnada.

secundaria, aguantó hambre hasta pesar 40 kilos; su período menstrual se detuvo y los médicos se preocuparon por la posibilidad de que sufriera un ataque cardiaco. Mientras recibía tratamiento, no soportaba ver que subía de peso, aunque todavía estaba muy por debajo del normal. Para castigarse, se enterró un clavo oxidado en el brazo y lo dejó ahí varios días. Cuando los médicos lo descubrieron, la infección ya era tan seria que temieron que Catalina perdería el brazo o la vida.

Esta no es una historia agradable, pero ilustra algo que tú debes entender: El propósito de todas las mentiras de Satanás es destruir. Esto es fácil de ver cuando se trata de mentiras acerca de nuestro cuerpo y de nuestra belleza física. Muchas de ellas son una invitación abierta a la autodestrucción. Y esto nos lleva a una verdad paradójica y crucial acerca de las mentiras. Las mentiras no tienen poder. No realmente. No sin nosotras.

Claro, las mentiras del enemigo son siempre tentadoras.

Pero ahí termina su poder, *a menos que nosotras cooperemos* con ellas. Verás, la tentación no puede arder en tu vida a menos que tú le proveas oxígeno cuando crees y actúas conforme a las mentiras de Satanás. No pueden derribarte sin tu permiso.

En el huerto, Eva ayudó mucho a Satanás. La Biblia nos dice que "la serpiente era astuta, más que todos los animales del campo que

Jehová Dios había hecho" (Génesis 3:1). Eva estaba en una situación difícil, como seguramente habrás estado tú en algún momento frente a la tentación. Sin embargo, ella no era una víctima indefensa. Satanás no hizo que ella pecara. Ella eligió cooperar con Satanás por lo menos de cuatro formas.

EVA COOPERÓ AL OÍR LAS MENTIRAS DE SATANÁS.

El primer error que Eva cometió fue uno al cual tú y yo aún somos propensas. Se quedó lo suficiente para oír el persuasivo discurso de Satanás.

El camino al cautiverio espiritual y emocional empieza con el simple hecho de oír algo que no es verdad. No tienes que tocarlo, hacerlo, estar de acuerdo y ni siquiera es preciso que te agrade. Basta con que te acerques lo suficiente para oír la mentira.

La batalla de Catalina se intensificó cuando empezó a devorar revistas de moda. Un día era una atlética estudiante, y al día siguiente una chica obsesionada con la belleza y la moda que agonizaba por cuenta de un desorden alimenticio.

Así como Eva empezó su camino hacia la destrucción tras oír una mentira, Catalina se dio cuenta de que las revistas alimentaban sus pensamientos sobre chicos, amistades y temas sociales de su interés. Usaba esos artículos para justificar las imágenes sensuales de jóvenes semidesnudas, artículos a favor de la homosexualidad y consejos acerca del sexo. Pensó para sí: *Leerlas no hace daño, ¿cierto?* Ella cooperó con el enemigo prestando oído a sus palabras.

Ella debió huir.

Eva debió salir corriendo.

Y tú tienes que aprender a huir de todo aquello que te lleve en la dirección contraria a la voluntad de Dios para tu vida. De hecho, la Palabra de Dios nos exhorta a esto precisamente:

> **Huye también de las pasiones juveniles, y sigue la justicia, la fe, el amor y la paz, con los que de corazón limpio invocan al Señor. Pero desecha las cuestiones necias e insensatas…** (2 Timoteo 2:22-23).

Huye. Aléjate de eso. ¡Corre! Bien le habría valido a Eva alejarse de la influencia de la serpiente, y tú también harías bien en mantenerte alejada de toda influencia cultural que quiera tentarte. Puesto que Eva *sabía* que no debía comer del árbol, ¿qué hacía entonces merodeando justo por ahí?

Sabemos que no debemos mentir, usar drogas, tener sexo con múltiples parejas o jurar en vano. Entonces ¿por qué tantos cristianos disfrutan viendo series de Netflix que hacen gala de todos esos temas? ¿Por qué oyen y cantan canciones de música popular que tienen letras blasfemas? ¿Por qué acuden a cines a ver películas que tienen "solo una escenita de sexo"?

Sabemos que no debemos tener ídolos, malgastar el dinero ni obsesionarnos con la belleza física. Entonces ¿por qué pasar horas envidiando la moda de las celebridades, obsesionadas con armar el atuendo perfecto digno de publicarse en Pinterest, y pasar hora y media cada mañana arreglándose el cabello y maquillándose?

Por favor, no coquetees con la tentación como lo hizo Eva. No cooperes con Satanás acercándote lo suficiente para oír sus mentiras.

EVA COOPERÓ AL CONSIDERAR SUS MENTIRAS.

Después de escuchar, Eva empezó a tomar en consideración las mentiras que Satanás había sembrado en su mente. En vez de salir corriendo, sostuvo una conversación con la serpiente y contestó la pregunta que ésta le hizo:

> **Del fruto de los árboles del huerto podemos
> comer; pero del fruto del árbol que está en
> medio del huerto dijo Dios: No comeréis de él, ni
> le tocaréis, para que no muráis** (Génesis 3:2-3).

Con lo que dijo no solo tergiversó las Escrituras (ya veremos este punto), sino que también empezó a considerar lo que le dijo la serpiente.

Por el hecho de responder a la serpiente, Eva dejó ver que las prohibiciones de Dios le parecían injustificadas, que Él les negaba algo que era bueno para ellos. Eso suena horriblemente parecido a lo que damos a entender cuando rumiamos las mentiras en vez de meditar en la verdad de Dios. Empezamos a elucubrar sobre aquello que Dios nos ha prohibido, en lugar de fijarnos en todos los dones abundantes que nos ha prodigado.

¿Cuál era la verdad?

La verdad era que Dios había dicho: "De todo árbol del huerto podrás comer" (Génesis 2:16), excepto de uno.

La verdad es que Dios es un Dios generoso.

En Deuteronomio 6, Moisés subrayó la importancia de guardar los mandamientos de Dios. Luego le recordó al pueblo que la intención subyacente a esas "reglas" no era meterlos en una camisa de fuerza ni imponerles más carga encima. El propósito de Dios con sus leyes era su bendición y provecho: "Y nos mandó Jehová que cumplamos todos estos estatutos… para que nos vaya bien todos los días" (v. 24).

¿Crees que Dios es un Dios generoso que ha dado a sus hijos "toda bendición espiritual en los lugares celestiales en Cristo" (Efesios 1:3) al darnos el regalo de su Hijo Jesucristo?

¿O prefieres vivir enfocada en los límites que Él ha puesto en tu vida y olvidar que existen para protegerte?

¿Te das cuenta de que te centras más en lo prohibido que en las bendiciones de Dios?

Es fácil hacerlo. Los mensajes que te bombardean a diario te dicen que "te lo mereces" y que "tú lo vales", como si se te privara de algo a lo que tienes derecho. Al mismo tiempo, su mensaje entre líneas es que "tú no eres hermosa" y "no das la talla". ¿Sorprende acaso que muchas de nosotras luchemos igual que Eva junto al árbol con el impulso de defender nuestros derechos y al mismo tiempo el desprecio por nosotras mismas?

Ni por un minuto podemos permitirnos perder de vista la bondad de Dios. No cooperes con Satanás dedicando tu tiempo a oír sus mentiras o fijándote en las limitaciones en vez de centrarte en las bendiciones que Dios ha manifestado en tu vida.

EVA COOPERÓ AL CREER LAS MENTIRAS EN VEZ DE CREER LA VERDAD DE LA PALABRA DE DIOS.

Al *escuchar* y *considerar* las mentiras de Satanás, Eva empezó a *creer* las mentiras en lugar de creer lo que Dios había dicho. Satanás llevó a Eva a desestimar las palabras de Dios e insinuó que Dios había dicho algo que en realidad no había dicho. Dios había dicho: "del árbol de la ciencia del bien y del mal no *comerás*". Sin embargo, Eva dijo que Dios también había dicho "ni le *tocaréis*" (Génesis 3:3).

Es evidente que la versión tergiversada de Eva de la Palabra de Dios fue una fisura en su armadura que le impidió resistir la seducción de Satanás. Después de todo, el rey David dijo: "En mi corazón he guardado tus dichos, para no pecar contra ti" (Salmo 119:11). La Palabra de Dios es parte fundamental de nuestra armadura para luchar contra los ataques sutiles de Satanás. Eva dio lugar al pecado cuando consideró y empezó a creer las mentiras en vez de creer la verdad de la Palabra de Dios.

Ahora bien, esto es algo que realmente nos preocupa. ¿Por qué? ¿Podemos decirlo con franqueza? Nos preocupa que muchas de ustedes ni siquiera *conozcan* las Escrituras.

¡Ay, ay, ay!

No es nuestra intención ofenderte.

(Recuerda, te advertimos que estamos aquí para rescatarte de una casa en llamas. ¿Pensaste que íbamos a hablar sobre el clima?).

La mayoría de jovencitas cristianas se cuidan de caer abiertamente en religiones alternativas como Wicca, Budismo o Cienciología. Sin embargo, muchas jovencitas de tu generación caen en algo igualmente peligroso llamado *sincretismo*: la fusión de dos o más sistemas de creencias. Por ejemplo, un adolescente que puede ser un cristiano practicante y utiliza la meditación de la Nueva

Era y formas antiguas de yoga sánscrita meditativa para buscar la paz. Esta es una fusión de dos sistemas de creencias que son incompatibles.

Más que cualquier otra generación, la tuya está expuesta a muchas cosmovisiones diferentes a través de las redes sociales y la Internet. La buena noticia es que esto te hace más comprensiva y compasiva. La mala noticia es que, en general, los adolescentes de hoy mezclan las creencias cristianas con cosmovisiones opuestas, muchas veces sin percatarse del conflicto que esto supone. Esto puede llevar a mentiras que se infiltran en tu mente y en tus emociones.

Es imprescindible que oigas la voz de Dios más que la voz del mundo. No hace falta una búsqueda mística de su voz. ¡Él ya la escribió para ti! Debes filtrar constantemente todo lo que oyes y lo que crees según lo que dice la Palabra de Dios, especialmente si estás expuesta a las muchas cosmovisiones falsas que promocionan las redes sociales.

Si tu generación ha de ganar la batalla que Satanás ha desatado contra ella, todo empieza *contigo*, cuando guardas la Palabra de Dios en tu corazón y te dispones a declararla con exactitud a todos aquellos que repiten como loros las mentiras de Satanás en nuestra cultura. Si no estás llenando tu mente y tu corazón con la verdad de Dios, terminarás creyendo las mentiras de Satanás. Y lo que tú crees (no lo que *dices* que crees, sino lo que crees *en realidad*) determinará tu manera de *vivir*. Eva aprendió a las malas esta lección.

EVA COOPERÓ ACTUANDO CONFORME A LAS MENTIRAS DE SATANÁS.
Ella comió del fruto.

TAL VEZ	acostumbres salirte de clases o protestarle a tu mamá.
TAL VEZ	seas propensa a mentir o a mirar pornografía.
TAL VEZ	comas en exceso o te niegues a comer.

Sea cual sea tu conducta, todo pecado en nuestra vida empieza con una mentira. Primero, *escuchamos* la mentira. Después la *consideramos*. Luego empezamos a *creerla*, y en poco tiempo empezamos a *actuar* conforme a ella. Con el tiempo, esas conductas pecaminosas se vuelven hábitos y terminamos *cautivas*, sintiéndonos atrapadas por cosas que creíamos iban a hacernos felices y libres.

Después de casi una década, Catalina sigue cautiva, actuando conforme a las mentiras que ella cree respecto a sí misma. Su batalla con la anorexia y la bulimia no ha terminado, por lo menos no como nosotras quisiéramos. Ella ha probado las recomendaciones médicas, años de consejería, antidepresivos e incluso meses de reclusión en un hospital psiquiátrico. Nada ha servido. Nosotras creemos que hay un elemento vital que se ha pasado por alto:

LA VERDAD.

LA PROGRESIÓN DE LA
MENTIRA DE EVA

Eva oyó una mentira.
Se acercó a la serpiente y
contempló su sugerencia.

Eva consideró la mentira.
Conversó con él y tomó en
consideración sus palabras.

Eva creyó la mentira.
Creyó que la promesa de la
serpiente era más confiable que lo
que Dios había dicho.

**Eva actuó conforme
a la mentira.**
Comió del fruto.

Kelly es otra amiga cuya batalla con la anorexia ha tenido un desenlace diferente. Todo empezó un día, sentada en la oficina de su consejero mientras oía otra charla sobre la depresión, la cual parecía invadirla cada vez que cedía al engaño de no comer. El consejero le dijo que ella tenía que dejar de cooperar con las mentiras y empezar a tomar la decisión de llenar su mente con la verdad. Kelly recuerda cómo entró la luz en su mente en ese momento:

 ¿Lo que usted quiere decir es que esto que vivo es mi propia elección? ¿Puedo elegir sentirme de otra manera? Si dedico tiempo a reestructurar mi mente con la verdad ¿puedo realmente ganar esta batalla?

Kelly tomó algunas medidas desde aquel día, las cuales la capacitaron para dejar de cooperar con las mentiras de Satanás y empezar a refutarlas con la verdad. Ella no obtuvo la victoria de la noche a la mañana. Por el contrario, tuvo que pelear una batalla ardua y prolongada. En ocasiones, ella todavía siente el impulso de obsesionarse con la comida. Sin embargo, ¡hace trece años ella es libre de su desorden alimenticio!

¿Qué hizo?

¿Qué puedes hacer tú para vencer las mentiras que te tienen cautiva?

> > > **Es lo que enseñaremos
en el capítulo siguiente.**

"Estad, pues, firmes,
ceñidos vuestros lomos
con la verdad".

EFESIOS 6:14

3

La verdad

¿Cómo puedo buscar la **verdad**?

En 1983, al museo J. Paul Getty en California llegó un comerciante de arte llamado Gianfranco Becchina. Tenía una estatua de mármol que databa del siglo VI a.C. Se le conocía como un *kouros*, la estatua de un joven. Era un hallazgo extraordinario. Esta clase de estatuas son sumamente escasas, y por lo general están deterioradas e incompletas. Pero aquella estaba casi en perfecto estado.

El museo empezó a investigar, reunió a un grupo de expertos para analizar y autenticar la pieza. Muestras tomadas de su parte central revelaron que estaba hecha de dolomita, un mármol antiguo de Grecia. La superficie estaba recubierta con una fina capa de calcita, la cual suele desarrollarse en el transcurso de cientos, si no miles de años.

Los investigadores dedujeron que la estatua había pertenecido a un médico suizo de apellido Lauffenberger en la década de 1930, y antes de él a un reconocido comerciante de arte griego llamado Roussos. Parecía demasiado bueno para ser verdad, pero el equipo coincidió en que se trataba de un *kouros* auténtico y finalmente el museo compró la pieza por 7 millones de dólares. El *New York Times* los felicitó por la adquisición y los amantes del arte empezaron a viajar desde todo el país para admirar la obra.

Sin embargo, había tres personas que no estaban convencidas de que la estatua fuera lo que parecía ser.

Federico Zeri, que había pertenecido al consejo asesor del museo, observó minuciosamente las uñas de la estatua. Parecía que algo andaba mal. Evelyn Harrison, experta en escultura griega, con solo verla por primera vez tuvo "una corazonada" de que algo no encajaba. Thomas Hoving, exdirector del Museo Metropolitano de Arte de Nueva York, dijo que lo primero que se le vino a la mente cuando la vio fue "fresco". Y "fresco" no es una palabra adecuada para describir una estatua de 2.600 años. Este pequeño grupo presionó al museo para que investigara el asunto más a fondo.

Poco a poco, la verdad empezó a salir a la luz. Los abogados examinaron los documentos y descubrieron que una de las cartas fechada en 1952 tenía un código postal que solo existió veinte años después. Otro halló que una cuenta bancaria referida había sido abierta casi diez años después. Los analistas de arte griego determinaron que los pies eran definitivamente modernos y de estilo británico, no antiguo y griego. Se descubrió que la calcita de la superficie se había logrado mediante el remojo de la estatua de mármol durante varios meses en moho de patata.

Resultó que el museo había adquirido una copia falsa, un "impostor" del taller de un falsificador en Roma que databa de principios de la década de 1980. Tres personas bien fundamentadas en su sólido conocimiento artístico, que no se dejaron arrastrar por el entusiasmo de la multitud, protegieron la verdad.

La anécdota constituye una poderosa ilustración para nosotras como cristianas. El camino del menor esfuerzo es dejarse llevar por la corriente y seguir a las mayorías sin detenerse a pensar si es verdad lo que dicen. Quienes aman a Cristo y defienden la verdad serán siempre una pequeña minoría. Estamos llamadas a mantenernos firmes en esa verdad, sin importar cuántos estén o no de acuerdo con nosotras.

LA **PRUEBA** QUE DETERMINA LA VERDAD

Dios sabía cuán difícil sería distinguir entre la verdad y una mentira disfrazada con astucia. Por eso no dejó nada a nuestra imaginación. Juan 8:31-32 dice: "Si vosotros permaneciereis en mi palabra, seréis verdaderamente mis discípulos; y conoceréis la verdad, y la verdad os hará libres".

Esto nos lleva de vuelta a la Palabra de Dios. Si escuchamos la verdad, meditamos en ella, la creemos y obramos de acuerdo con ella, la verdad nos hará libres.

Estad, pues, firmes, ceñidos vuestros lomos con la verdad, y vestidos con la coraza de justicia... (Efesios 6:14).

¿Cómo aprendes a permanecer en la verdad? Igual que Zeri, Harrison y Hoving: llegas a conocerla tan bien, que cuando aparece un impostor, puedes discernir de inmediato que se trata de una falsificación.

ESTUDIAS LA VERDAD.

No basta con saber que la fuente de las mentiras es Satanás, ni reconocer cómo has cooperado tú con él para darles fuerza a esas mentiras. Es preciso que conozcas muy bien la verdad y que te satures de ella.

DEFINICIÓN DE VERDAD

Cuando escribíamos este libro, pedimos a más de 200 jóvenes cristianas que escribieran una definición de *mentira* y de *verdad*. La mayoría quedaron perplejas. Quienes intentaron dar una definición, expresaron por lo general simples declaraciones opuestas: "una mentira es algo que no es verdad" o "verdad es algo que no es mentira".

El problema con estas "definiciones" es que emplean un razonamiento circular. No hay un punto de partida funda- mental para definir la mentira o la verdad. Permítenos por ahora decirlo de esa manera, aunque parezca demasiado elemental. ¡Queremos que quede muy claro!

Recordarás que en un capítulo anterior mencionamos que una mentira es "un impostor". El diccionario dice que la verdad es "conformidad con un modelo o con el original".[1] El equipo del museo Getty descubrió la verdad sobre su estatua de 7 millones de dólares al compararla con el modelo de un *kouros* original. Nosotras también debemos hacer concordar todos nuestros pensamientos y actos con un "modelo" o un "original". La pregunta es ¿cuál es nuestro modelo de verdad? ¿Cuál es el "original" que define la verdad?

VERDAD
f. *conformidad con un modelo u original; Jesucristo.*

LA FUENTE DE VERDAD

El modelo o el original de la verdad es Jesucristo. Pocos cristianos com- prenden este hecho fundamental. De las 200 jóvenes cristianas a quienes pedimos dar una definición de verdad, solo una escribió:

La verdad es Jesucristo y su Palabra.

Jesús mismo dijo: "Yo *soy* el camino, y la *verdad*, y la vida" (Juan 14:6). Él es la definición de verdad. Él es el modelo perfecto; Él determina lo que es correcto, bueno y verdadero. Jesús nos revela la verdad, y lo hace por medio de la Palabra escrita de Dios, la Biblia. De hecho, "el Verbo" es en realidad uno de los nombres de Jesús (Juan 1:14).

Si Jesús nos revela la verdad por medio de su Palabra escrita, ¿cómo la usamos para combatir las mentiras que nos asedian? Bueno, esto nos lleva de nuevo a nuestra amiga Kelly que derrotó las mentiras que creía acerca de su cuerpo, y dejó de valerse de la anorexia y la bulimia para actuar conforme a esas mentiras. Recordarás que ella ha sido libre de ese cautiverio durante tres años. ¿Cómo lo hizo?

Buscó a Cristo y su Palabra. Encontró versículos que contradecían las mentiras que había creído; luego los escribió y los exhibió en su habitación, en su auto, en sus libros y dondequiera que podía pegarlos o graparlos. Cada vez que las mentiras asaltaban su mente o sus emociones, los leía en voz alta. Con el tiempo, su manera de pensar empezó a cambiar conforme su mente se renovaba con la verdad.

 No sentí un cambio inmediato, pero sabía que al fin tenía un arma. Poco a poco empecé a creer más lo que leía en voz alta que las mentiras que antes me parecían tan poderosas.

Kelly dejó de vivir cautiva en sus ideas persistentes acerca de la comida y de ser bombardeada con mentiras acerca de su valor y belleza personales, y pasó a creer la verdad y a tener la libertad para actuar conforme a ella.

DIOS NO PUEDE MENTIR

Puede ser difícil imaginar que haya algo que Dios no pueda hacer, pero así es. Números 23:19 dice: "Dios no es hombre, para que mienta". Tito 1:2 también afirma que Él no miente. No puede. Es una antítesis de su naturaleza porque Él es verdad.

Qué gran consuelo podemos encontrar al escudriñar su Palabra y descubrir que Él "deseará… tu hermosura" (Salmo 45:11) o que "no te dejará" (Deuteronomio 31:6) o que nada podrá separarnos de su amor (Romanos 8:39). Sin importar lo que nuestras emociones o circunstancias nos dicten, ¡podemos creer su Palabra!

¿Tus emociones o circunstancias actuales te llevan a creer alguna mentira? ¿Conoces algún versículo de la Biblia que revele la verdad sobre tu situación?

Supe que era libre el día en que una amiga me contó que no creía poder superar su desorden alimenticio porque nunca sería capaz de dejar de pensar en eso. Yo pensaba igual. Pero ese día me di cuenta de que habían trascurrido meses sin siquiera pensar en ello. Era libre.

LA VERDAD TE HACE LIBRE

Creer mentiras acarrea consecuencias. Esas consecuencias incluyen depresión, problemas interpersonales y desesperanza. Creer la verdad también produce determinados resultados. Jesús promete que tú y yo podemos conocer la verdad, y que "la verdad [nos] hará libres" (Juan 8:32). Kelly, al igual que muchas otras jovencitas, ha experimentado esta libertad. Ahora es tu turno.

¿Será fácil?

No. Como dijimos antes, serás parte de la minoría. Tendrás que resistir a las masas. Por eso debes decidir desde joven si vas a seguir a la multitud o si vas a defender la verdad. Tu forma de vivir *ahora* establece la pauta para transigir o para caminar conforme a la verdad. Las decisiones que tomas hoy tendrán implicaciones en el largo plazo. Al principio puede ser difícil vivir conforme a la verdad, pero si lo haces, cosecharás los beneficios el resto de tu vida.

>>> **Ahora, empecemos a desenmascarar las 25 mentiras que hemos seleccionado entre tantas y que han engañado a las jóvenes según ellas mismas lo han reportado. ¡Empecemos a defender la verdad!**

Mentiras que las jóvenes creen

PARTE 2

"La suma de tu palabra es
verdad, y eterno es todo
juicio de tu justicia".

SALMO 119:160

Shelly

Odio a Dios porque en la iglesia me dicen que Dios es como mi padre. No tienen idea de cómo es mi padre y de lo que me ha hecho. Si Dios es así, ¡entonces no me interesa! 😠

Aunque no puedo entender esto completamente, yo no puedo relacionarme con Dios de la manera como me relaciono con mi padre. En los últimos años, mi relación con mi padre no ha sido buena. Yo creo que Dios es completamente diferente a mi papá. Dios es un padre perfecto que no va a cometer los mismos errores de mi padre biológico. En cierto sentido yo considero a Dios como Padre, pero no como MI padre.

"Lo que viene a nuestra mente cuando pensamos en Dios es lo más importante acerca de nosotros mismos".

A. W. TOZER

Mentiras
acerca de Dios

¡Prepárate! Estudiaremos
25 mentiras que las jóvenes creen.
Pero antes de empezar, veamos...

. . . UNAS POCAS REGLAS BÁSICAS

1 **No esperes encontrar respuestas a todos los problemas de tu vida.** Esta lista no es exhaustiva. Satanás es un engañador experto. Sus mentiras no tienen fin. Nuestro objetivo es simplemente tratar algunas de las mentiras más comunes que creen las jóvenes cristianas en la actualidad. En la última sección de este libro te enseñaremos cómo abordar aquellas que no hemos mencionado.

2 **No esperes una guía paso a paso para vencer las mentiras que te afectan.** No trataremos ninguna de estas mentiras a fondo. Se han escrito muchos libros sobre estos temas. Nos hemos propuesto darte una visión amplia de la clase de engaños que pueden causar estragos en tu vida. (Si necesitas más ayuda, puedes consultar el blog (en inglés) de LiesYoungWomenBelieve.com que incluye muchos de estos temas ¡y dosis diarias de verdad!).

3 **Cuenta con que tendrás que esforzarte.** Es posible que tu primera reacción a algunas de estas mentiras sea: "¡Yo no creo eso!". Sin embargo, nuestras verdaderas creencias no se manifiestan en lo que decimos, sino en la manera como vivimos. Como ves, el solo hecho de *conocer* la verdad no significa que tú la *creas*. Es preciso preguntarte: "¿Vivo como si creyera esa mentira?".

4 **Usa tu Biblia.** No te fíes únicamente de lo que decimos nosotras (o alguien más) para determinar lo que es verdad. Es probable que no estés de acuerdo con nosotras en algunos temas. La cuestión no es realmente lo que nosotras pensamos (o lo que tú piensas), ¡sino lo que *Dios* piensa! Aprende a examinar y a evaluar todo a la luz de su Palabra. Dedica tiempo a

buscar las citas bíblicas que hemos incluido. Quizá desees también escribirlas en tu diario. Esto te ayudará a saturarte más y más de la verdad.

5 **Ponte en contacto con otras jóvenes.** Esto es tan importante que para facilitarlo hemos escrito una guía de estudio de *Mentiras que las jóvenes creen*. Hemos conocido jovencitas que participan en nuestros grupos de enfoque y que pensaban que eran las únicas que batallaban con un determinado problema. Al interactuar con otras se dieron cuenta de que no estaban solas. Queremos que tú experimentes lo mismo. Mientras lees este libro con otras jóvenes a través de la Guía de estudio, experimentarás el poder de las amistades piadosas que te ayudarán a andar por esta vida en la verdad.

Empecemos por examinar las mentiras que las jóvenes creen acerca de Dios. Nada es más crucial que esto. Si tienes ideas equivocadas acerca de Dios, tendrás un concepto equivocado de todo lo demás. Lo que tú crees acerca de Dios determinará tu forma de vivir. Si tienes creencias falsas acerca de Él, tarde o temprano actuarás de acuerdo con esas mentiras y terminarás en cautiverio.

#1 { "Dios no es suficiente". }

Sin pensarlo, la gran mayoría de las participantes en nuestros grupos de enfoque confesaron estar de acuerdo con la declaración: "Dios no es suficiente". Tenemos que reconocer que nos asustó que tantas chicas creyeran de manera *consciente* esta mentira. Muchas de sus observaciones despertaron una mayor consciencia de esta mentira. Las jóvenes admitieron que tenían pensamientos como:

"SI TAN SOLO	mis padres pudieran estar juntos, *eso* sería suficiente".
"SI TAN SOLO	pudiera encontrar un buen amigo, *eso* sería suficiente".
"SI TAN SOLO	pudiera dar el discurso de despedida en la graduación, *eso* sería suficiente".
"SI TAN SOLO	perteneciera al equipo de atletismo, *eso* sería suficiente".

Hay algo que salió a la luz sistemáticamente en esas conversaciones, y si bien ahondaremos más en ese punto en otro capítulo, es preciso mencionarlo aquí. Lo que más compite con Dios para que Él sea suficiente son los amigos. Muchas creían que necesitaban a sus amigos más que a Dios. La mayoría reconocieron que si tenían un problema o necesitaban un consejo, era más probable que enviaran un mensaje de texto o llamaran a una amiga en vez de hablar con Dios.

🍎 *Cuando oro, muchas veces siento que puedo oír a Dios, pero no es lo mismo que una respuesta directa como la que obtengo de mis amigos.*

🍎 *En vez de hablar primero con Dios, a veces hablo con mis amigos porque sé que obtendré una respuesta inmediata y que ellos estarán de mi lado.*

🍎 *Si pudiera tenerlo a Él y a mis amigos, entonces podría ser feliz.*

Suena bastante fuera de lugar, ¿no te parece? La buena noticia es que la mayoría de las jóvenes que creían esta mentira reconocían que en ese punto su conducta revelaba sus verdaderas creencias.

Nada ni nadie aparte de Dios podrá llenar la parte de nuestro corazón que fue creada para Él. A mí (Nancy) me tomó muchos años aprender a comprender esta verdad fundamental. En mi adolescencia y juventud acostumbraba buscar llenar mi vacío emocional con otras personas. Sin embargo, nunca era suficiente, y siempre ansiaba "más". Y cuando las personas en las que confiaba salían de mi vida por alguna razón, me sentía desdichada (¡y le amargaba la vida a los demás!).

Cuando tenía treinta años, una amiga y mentora muy cercana falleció, otra se mudó y una tercera salió de mi vida por un suceso trágico. Me sentí desolada. En los meses que siguieron sufrí por sentir que Dios me había decepcionado, y batallé con algunas dudas profundas acerca de mi fe.

Al fin, cuando empecé a clamar al Señor, Él me mostró que yo había buscado suplir mis necesidades y llenar con amigas los profundos vacíos de mi corazón. Comprendí que al poner a las personas en el lugar de Dios, ellas se habían convertido en mis *ídolos*. Empecé a darme cuenta de que no hay persona (ni cosa alguna) en este mundo que pueda verdaderamente satisfacer mis anhelos. Descubrí que era una mujer insegura porque ponía mi confianza

NECESITO A MIS **AMIGOS** MÁS QUE A **DIOS**

Pedimos a las jóvenes responder a la afirmación: "Dios no es suficiente para satisfacerme".

De acuerdo, siempre o a veces. **88%**

En desacuerdo siempre . . . **12%**

La mayoría reportaron que no podían vivir sin sus amigos, y que buscaban a sus amigos antes que a Dios. Las cosas materiales ocuparon un segundo lugar, por una amplia diferencia.

en personas que podían irse de mi vida, en lugar de ponerla en Aquel que jamás cambia y que nunca me dejará.

Esa difícil etapa se convirtió en un punto decisivo en mi vida. Me arrepentí de mi idolatría y le pedí a Dios que me mostrara cada ocasión en la que yo esperaba que otros suplieran necesidades que sólo Él podía satisfacer. Dios me llevó al punto de poder decir de todo corazón:

¿A QUIÉN TENGO YO EN LOS CIELOS SINO A TI? Y FUERA DE TI NADA DESEO EN LA TIERRA (SALMO 73:25).

Dios es suficiente; Él suplirá tus necesidades y quiere ser tu confidente más íntimo. Su Palabra promete: "Mi Dios, pues, suplirá todo lo que os falta conforme a sus riquezas en gloria en Cristo Jesús" (Fil. 4:19). Él es el único que puede sanar tu corazón cuando ha sido lastimado (Salmo 147:3).

Él es el único que puede animarte, guiarte y protegerte (Salmo 121:7).
Él es el único que puede darte seguridad cuando otros te fallan (Salmo 27:10).
Él es el único que puede hacerte sentir valiosa sin importar lo que puedas o no puedas hacer (Mateo 10:29-31).

Llegamos a conocer mejor a nuestros amigos a medida que pasamos tiempo con ellos. Lo mismo es cierto de nuestra amistad con Dios. Conforme pasamos tiempo leyendo y meditando en lo que nos dice en su Palabra, o que oramos o nos reunimos con otros para adorarle o estudiar juntos la Biblia, nuestra relación con Él se profundiza. Cuanto más conoces a Dios, más descubres que Él es el único que puede satisfacer tus necesidades más profundas.

No hay nada malo con tener amigos, sacar notas excelentes, tener habilidades deportivas, linda ropa o una familia feliz y saludable. Dios puede bendecirnos con estas y muchas más dádivas. Sin embargo, ninguna de ellas puede satisfacer los anhelos más profundos de nuestro corazón. Además, todas esas bendiciones solo cobran sentido cuando nuestra relación con Él ocupa el centro de nuestra vida.

#2 { "Dios no se involucra realmente en mi vida". }

En 2006, Oxford University Press publicó un estudio memorable que analizaba la vida espiritual de los jóvenes norteamericanos. Descubrieron que la religión principal de los adolescentes de hoy correspondía más a una forma de deísmo.[1] Los jóvenes creen que Dios existe y que creó el mundo, pero piensan que ahora permanece alejado de él. En realidad, esperábamos que nuestras jóvenes cristianas estuvieran en desacuerdo con esto, pero no fue así. La inclinación de la mayoría fue sentir que Dios no se involucraba realmente en sus vidas. Así lo expresó una de ellas:

 Dios es tan grande y tiene tanto en qué ocuparse con las guerras y los desastres naturales y cosas parecidas, que me resulta difícil creer que se interese por lo que ocurre en mi vida.

DETENTE UN MINUTO A PENSAR EN ESTO. Tú dices que crees en el

Dios del universo que es todopoderoso y omnisciente, ¿y piensas al mismo tiempo que es indiferente o que desconoce los detalles de tu vida? Escucha lo que dice Jesús:

**¿No se venden cinco pajarillos por dos cuartos?
Con todo, ni uno de ellos está olvidado delante
de Dios. Pues aun los cabellos de vuestra cabeza
están todos contados. No temáis, pues; más valéis
vosotros que muchos pajarillos** (Lucas 12:6-7).

Nosotras valemos mucho más que un pajarillo y Él ve incluso cuando uno de ellos cae a tierra. Él promete que sus ojos estarán sobre ti y sus oídos atentos a tu clamor (Salmo 34:15). Tú eres valiosa para Dios, y Él conoce y se interesa por los detalles de tu vida.

Yo (Dannah) he descubierto que Dios se interesa por los detalles más pequeños de mi vida, con lo que demuestra su incesante fidelidad y amor. Hace algunos años mi esposo y yo dirigimos un grupo de personas en un viaje a Zambia, África. Nerviosa por estar a cargo de veintinueve personas en una nación subdesarrollada donde la atención médica era deficiente, le pedí a Dios antes de viajar que guardara a todos en buena salud y que de algún modo proveyera algo que yo hubiera olvidado llevar en mi equipaje.

EMANUEL

Este nombre de Dios nos recuerda que Él se involucra a fondo en nuestra vida. "El" significa Dios. La primera parte del nombre significa "con nosotros". Dios es el "Dios con nosotros".

En nuestra primera noche allí, mi esposo Bob sufrió una terrible hemorragia nasal sin precedentes. Pasamos casi toda la noche presionando su nariz y orando para que la hemorragia cesara. Nueve horas después, seguía sangrando y nos habíamos resignado a tener que llevarlo a un hospital local para cauterizar la arteria. Alistamos su pasaporte y otros documentos, y mis amigos de Zambia estaban listos para llevarlo. Una vez más, rogué: "Señor ¿podrías por favor evitar que vayamos al hospital?".

Justo en ese momento, nuestro querido amigo James Brown salió de su habitación y gritó en su fuerte acento sureño: "Me enteré que a Bob le sangra la nariz".

"Sí, vamos a llevarlo al hospital", contesté mientras seguíamos en dirección al auto que nos esperaba.

"No es necesario —dijo acercándose a nosotros al tiempo que sacudía un pequeño paquete—. La semana pasada me pasó lo mismo. El médico de la sala de emergencias me dio un par de equipos de cauterización nasal para mi viaje, en caso de necesidad. Podemos hacer el tratamiento aquí".

¡Dios se preocupó tanto por Bob y por mí que dispuso que nuestro amigo empacara justo lo que necesitábamos!

Él también se preocupa por ti de igual forma.

Tal vez no es que Dios esté distanciado de ti, sino tú de Él. Santiago 4:8 nos invita: "Acercaos a Dios, y él se acercará a vosotros. Pecadores, limpiad las manos; y vosotros los de doble ánimo, purificad vuestros corazones". ¿Cuánto hace que no dedicas tiempo para acercarte a Dios y darte cuenta de que Él está siempre cerca de ti? Es una contradicción creer que Dios existe y a la vez que no se interesa por tu vida.

A PROPÓSITO DE CONTRADICCIONES, EXAMINEMOS LA SIGUIENTE MENTIRA.

#3 { "Dios debería solucionar mis problemas". }

Resulta paradójico que tantas jóvenes crean esta mentira, al tiempo que también llegan a creer que "Dios no se involucra realmente en mi vida". ¿Cómo pueden ser ciertas ambas afirmaciones?

La mayoría de las jóvenes con quienes conversamos admitieron ser conscientes de que no deberían esperar que Dios solucionara sus problemas, pero reconocieron sin dificultad que sus acciones evidenciaban una creencia poco santa de que Él debería hacerlo. Así lo resumió una joven:

 Yo sé que no debería creer que Dios está obligado a solucionar mis problemas, pero muchas veces los cristianos pensamos así. La mayoría de las personas que no tienen una vida de oración buscan a Dios... cuando

necesitan que Él les solucione un problema.

Incluso muchos cristianos que *sí* tienen una vida de oración tienden a presentarle a Dios simplemente una lista de "tareas" en vez de gozar de una vida devocional equilibrada que incluya alabanza, acción de gracias, confesión y oír al Señor. Esta mentalidad reduce a Dios a un genio cósmico que existe para agradarnos y servirnos. Además, da a entender que el propósito en la vida es ser libre de problemas, es decir, deshacerse de todo lo que sea difícil o desagradable.

A Dios le interesa más transformarnos y glorificarse que solucionar todos nuestros problemas inmediatos (Romanos 8:29). Eso no significa que Dios sea indiferente a las cosas que nos importan. Él no está sentado en el cielo esperando a ver si logramos sobrevivir. No, el Dios de la Biblia es "nuestro pronto auxilio en las tribulaciones" (Salmo 46:1). Sin embargo, a Él también le interesa usar nuestros problemas para formarnos en la semejanza de su Hijo Jesús, quien "por lo que padeció aprendió la obediencia" (Hebreos 5:8), y Dios usa las tribulaciones en nuestra vida para acercarnos a Él y para hacernos más sensibles y obedientes a Él.

CÓMO **ORAN** LAS ADOLESCENTES

La mayoría de las adolescentes que oran con regularidad confiesan que gran parte de su tiempo de oración lo dedican a pedirle a Dios.

77% oran por un amigo o pariente enfermo

72% piden a Dios por sus necesidades personales

71% oran por asuntos mundiales

23% piden cosas materiales[2]

La oración ha de ser una comunión con Dios en dos direcciones. Debe incluir escucharlo, alabarlo, darle gracias, esperar en Él, meditar en su Palabra y pedirle por nuestras necesidades. Si gran parte de tu vida de oración se dedica a las peticiones, es probable que hayas creído la mentira de que "Dios debería solucionar mis problemas".

De hecho, la Biblia nos enseña que Dios usa las pruebas y las dificultades en nuestra vida para ayudarnos a crecer. Santiago 1:2-4 dice que debemos gozarnos en nuestras pruebas, porque Dios prueba nuestra fe para que crezca y se fortalezca. Y Romanos 5:3-4 nos dice que "la tribulación produce paciencia; y la paciencia, prueba; y la prueba, esperanza". Así que aun en nuestras pruebas y en nuestro sufrimiento, ¡Dios obra en nuestras vidas!

Algunas de ustedes ofrecieron buenos consejos acerca de la importancia de someterse al sufrimiento que Dios permite en nuestra vida:

🍎 *Está bien pedirle a Dios que solucione tus problemas, pero tienes que ver más allá del problema y darte cuenta de que quizá Dios intente enseñarte algo por medio de ese problema.*

🍎 *Tienes que humillarte realmente y aceptar su voluntad. Hazte a un lado y di: "Lo que tú pidas, Señor".*

EL ENFOQUE DE NUESTRA VIDA DE ORACIÓN NO DEBE SER "ESTO ES LO QUE QUIERO, DIOS", SINO "¿QUÉ QUIERES DE MÍ, SEÑOR?".

En nuestro objetivo de llegar a ser como Cristo, debemos orar como Él oró. En su momento de mayor prueba, Jesús rogó: "Padre mío, si es posible, pase de mí esta copa; pero no sea como yo quiero, sino como tú" (Mateo 26:39). Aunque no oímos con frecuencia oraciones que reflejen esta clase de sumisión y obediencia, estamos llamadas a seguir el ejemplo de Cristo.

Yo (Nancy) viví mi primera gran prueba en este sentido el fin de semana de mi cumpleaños número veintiuno. Había estado de visita en casa de mis padres con mis seis hermanos. El sábado por la tarde, mis padres me llevaron al aeropuerto para tomar un vuelo de regreso a Virginia, donde yo servía en el equipo de una iglesia local. Como mi papá tenía pensado jugar tenis con unos amigos después de llevarme, llevaba puesta su ropa deportiva. Esa fue la última vez que lo vi en esta tierra.

Después de aterrizar en mi destino, una familia conocida salió a mi encuentro en el aeropuerto. Me dijeron que mi madre había intentado comunicarse conmigo (¡entonces no existían teléfonos portátiles!). Cuando pude llamarla, ella me contó que mi padre había sufrido un ataque cardiaco en el campo de tenis, y que había muerto antes de tocar tierra. Estaba con el Señor.

Fue difícil creerlo; apenas tenía 53 años y mi madre solo 40. Sin aviso alguno quedó viuda con siete hijos entre los ocho y los veintiún años. Mi papá amaba al Señor con fervor y participaba activamente en el ministerio. Mis hermanos, mis hermanas y yo lo adorábamos, admirábamos su sabiduría y ejemplo de padre. Nunca más podríamos volver a sentarnos alrededor de la mesa para hablar con él, nunca más estaría allí para aconsejarnos en las decisiones más importantes de nuestra vida, nunca asistiría a las bodas de sus hijos ni tomaría en sus brazos a ninguno de sus nietos.

A pesar de todo, al momento de oír la noticia de su partida, el Señor trajo a mi mente la paráfrasis de un versículo que había leído días antes: *"Dios es bueno, y todo lo que hace es bueno"* (Salmo 119:68). Tras una pérdida tan grande, Dios en su gracia me recordó algo que mi padre había pasado años enseñándonos: que podemos confiar en Dios, aun en medio de la tragedia. Claro, la muerte no era parte del plan original de Dios para la raza humana. Pero Él es un Dios bueno y redentor que hace nuevas todas las cosas.

Y en ese momento, Él afirmó mi corazón con la verdad de que la muerte de mi papá no era un "accidente" ni un error, sino que era parte de un plan más grande y completo, y que al final Él usaría esta dolorosa pérdida para glorificarse y ayudarme a mí (y a otros) a ser más como Jesús.

Miro hacia atrás y estoy muy agradecida por haber tenido un papá que me enseñó a confiar en las determinaciones divinas, en vez de insistir en que Él me libre de experimentar dolor alguno o que solucione todos mis problemas. Fue un gran regalo que él me dejó.

Esto nos trae de nuevo a un tema importante: los papás. Tal vez tú no has tenido la misma experiencia que yo viví con mi padre. Hablemos acerca de cómo puede afectar esto tu percepción de Dios.

#4 { "Dios es idéntico a mi padre". }

Yo (Dannah) organizo eventos para jovencitas alrededor del país. Hace algunos años, el Señor me inspiró a incluir en las reuniones una sesión con el tema de los padres. Había oído muchas historias de orfandad y sentía que las jovencitas necesitaban un espacio para enfrentar su dolor e iniciar el proceso de perdonar a sus padres. Yo no estaba preparada para el raudal de lágrimas y emociones que esto suscitó. Escuché historias como:

🍎 *Mi padre hizo cosas indecibles contra mi hermana, mientras que a mí me ignoraba por completo. Ella era su mascota y yo su estorbo. Al fin murió, y mi mamá no nos quería. Entonces pasamos de un hogar de paso a otro hasta que alguien nos adoptó. Las trabajadoras sociales me diagnosticaron que tenía un desorden afectivo. Yo he dicho que simplemente tuve un padre despreciable y que toma mucho tiempo superarlo.*

🍎 *Mi relación con mi papá no ha sido muy buena en los últimos años. Antes era "su niña", pero ahora él es distante y yo no sé qué hice mal. No puedo relacionarme con Dios como lo he hecho con mi padre, o de lo contrario no tendríamos ningún tipo de relación.*

Si tu padre o cualquier otro hombre en quien confiabas te ha lastimado, puede resultarte difícil confiar en Dios. Puede ser que incluso te inspire miedo o estés enfadada con Él. La idea de considerarlo como tu Padre te puede parecer repulsiva. Con todo, Jesús llamó a Dios con toda libertad su Padre y enseñó a sus discípulos a tratarlo también como el Padre de ellos. Pablo insta a los creyentes a llamar a Dios "Abba", que significa "Papito" (Romanos 8:15).

DIOS ES UN PADRE, PERO NO SE PARECE A NINGÚN HOMBRE QUE HAYAS CONOCIDO.

Aun el más sabio y bondadoso de los padres terrenales no es más que un pálido reflejo de nuestro Padre celestial. El Dios de la Biblia es infinitamente más maravilloso, puro y amoroso que el padre más excelente que pueda existir. Dios nuestro Padre es perfecto (Mateo 5:48) e inmutable (Santiago 1:17). Nuestros padres terrenales no pueden serlo (Mateo 7:11). Sin importar lo que puedas pensar o sentir, Dios es un Padre bueno que ama profundamente a sus hijos, y a ti también. Podemos confiar en Él.

APRENDE A RELACIONARTE CON TU PADRE TERRENAL A TRAVÉS DE DIOS

en lugar de relacionarte con Dios a través de tu padre terrenal. En realidad lo hemos hecho al revés. Parte del poder de esta mentira radica en tratar de atribuir cualidades de padre terrenal a Dios cuando en realidad deberíamos preguntarle a Dios cómo debemos tratar a nuestros padres terrenales. Dios te ordena: "Honra a tu padre" (Efesios 6:2). Él no dice que lo honres si es un buen papá, ni que lo honres hasta que cumplas 18. Simplemente dice que lo honres y punto.

Dicho esto, entendemos que en algunos casos esto puede ser muy difícil. Puede ser que tu padre haya cometido una grave ofensa contra ti. Sin embargo, Dios nos llama a perdonar a quienes han pecado contra nosotras (Lucas 11:4). Tomar la decisión de perdonar puede parecer imposible, especialmente cuando se trata de alguien que ha fallado en protegerte y apreciarte como debería hacerlo un padre. A pesar de eso, la Palabra de Dios nos pide perdonar a los que nos ofenden, no porque lo merezcan, sino porque Cristo nos ha perdonado tanto.

Sin importar cuánto te haya lastimado tu padre, experimentarás libertad y esperanza cuando elijas perdonarlo. No estamos sugiriendo que sea fácil ni que todo se arreglará de inmediato. El perdón y la sanidad pueden ser un camino largo y difícil, pero Dios te ayudará a recorrerlo paso a paso.

Callie perdonó a su padre años antes de empezar a experimentar algún beneficio directo de ello (aparte de un corazón limpio).

 Mi papá nos abandonó cuando yo era bebé. Nunca lo vi hasta que fui adolescente, y luego él me dejó claro que en realidad no me conocía ni le interesaba conocerme. Todos mis sueños de lo que él podría ser para mí se desvanecieron, y tuve que empezar un largo proceso para perdonarlo. No recibí recompensa alguna por hacerlo. Simplemente lo hice. Fue liberador.

Solo hasta que salí de la universidad hace un año mi papá intentó acercarse de nuevo. Todavía es una relación tensa, pero yo sé que Dios lo ha permitido porque dediqué ocho años a buscar el perdón.

¿Por qué no intentas tomar la determinación de perdonar a *tu* padre? Luego, da un paso atrás y procura pasar por alto sus flaquezas humanas y elige a cambio admirar alguna fortaleza que pueda tener como su protección, su fortaleza o su provisión. Esto podría sanar tu relación con tu papá y permitirte empezar a ver a Dios desde una perspectiva más acorde a la verdad.*

Dicho sea de paso, nunca sabes cuánto tiempo (mucho o poco) te quede con tus padres. Una semana antes de que mi padre (de Nancy) falleciera, él me llamó para decirme cuánto le gustaría que yo fuera a casa para celebrar mi cumpleaños número veintiuno con la familia. Yo no estaba muy segura, pues había estado con la familia de vacaciones un par de semanas antes, y los fines de semana eran períodos de trabajo intenso para mí. Él no me dijo que yo *tenía* que ir a casa, pero cuando medité en el asunto, sentí que debía honrar su petición.

Estoy muy agradecida de haberlo hecho. Ese fin de semana toda nuestra familia estuvo reunida por primera vez en dieciocho meses. También fue la última vez que estuvimos todos juntos antes de su muerte.

Todas estas mentiras acerca de Dios se solucionan mejor con el mismo remedio: ESTUDIAR LA BIBLIA PARA CONOCER A JESÚS, quien es "el resplandor de su gloria, y la imagen misma de su sustancia" (Hebreos 1:3). Cuando ves a Cristo tal como es, será más difícil creer mentiras acerca de Dios.

---

* Habla con alguien sabio, como podría ser una amiga mayor que tú, un pastor o un consejero, si no es posible acercarte a tu padre o si crees que sería inapropiado; por ejemplo: si nunca ha estado en tu vida o si ha abusado física o sexualmente de ti.

VERDADES PARA EXTINGUIR MENTIRAS

La mentira	La verdad
Dios no es suficiente.	• Los amigos nunca podrán llenar la parte de tu corazón que fue creada para Dios. Salmo 73:25 • Dios es suficiente; Él suplirá tus necesidades y anhela ser tu confidente más íntimo. Salmo 40:4; Job 42:2
Dios no se involucra realmente en mi vida.	• Tú eres valiosa para Dios y Él se interesa en los detalles de tu vida. Salmo 34:15 • Acércate a Dios y Él se acercará a ti. Santiago 4:8
Dios debería solucionar mis problemas.	• A Dios le interesa más transformarte que solucionar tus problemas. Hebreos 5:8; Santiago 1:2-4; Romanos 5:3-4 • Tu vida de oración no debe centrarse en lo que tú quieres, sino en lo que Dios quiere. Mateo 6:33; 26:39
Dios es idéntico a mi padre.	• Dios es un padre, pero no se parece a ningún hombre que hayas conocido. Mateo 5:48; 7:11; Santiago 1:17 • Aprende a relacionarte con tu padre terrenal a través de Dios, en vez de relacionarte con Dios a través de tu padre terrenal. Efesios 6:2; Lucas 6:37; Éxodo 34:6-7

Aplicación personal

LA PARTE MÁS IMPORTANTE DE ESTE LIBRO ES CÓMO PONERLO EN PRÁCTICA.

Nos gustaría mucho saber que has llenado un diario con lo que has aprendido de las ideas principales y los versículos acerca de Dios. Te proponemos empezar el día escribiendo un párrafo que responda las siguientes preguntas:

¿Qué mentiras acerca de Dios he llegado a creer con más facilidad?

¿Qué versículos específicos puedo guardar en mi corazón para refutar esas mentiras con la verdad?

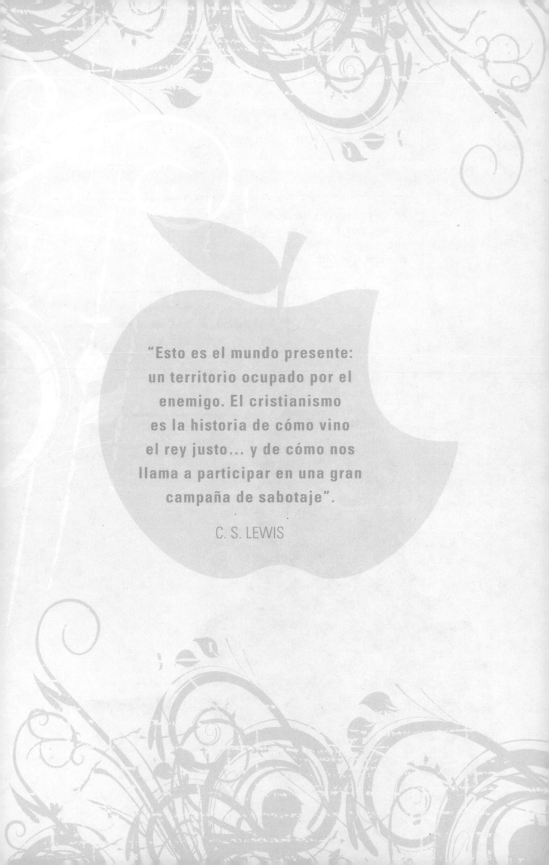

"Esto es el mundo presente:
un territorio ocupado por el
enemigo. El cristianismo
es la historia de cómo vino
el rey justo... y de cómo nos
llama a participar en una gran
campaña de sabotaje".

C. S. LEWIS

Mentiras
acerca de Satanás

Una de mis amigas más cercanas (habla Dannah) es Brendah Maseka.
Ella vive en Zambia, África. Creció siendo muy consciente de las fuerzas demoniacas y ha sido testigo en muchas ocasiones de la expulsión de éstas. En su recorrido a pie de la casa a la escuela donde trabaja, pasa con frecuencia junto a la casa del curandero, donde a veces observa personas que "se deslizan como serpientes, como si sus cuerpos no tuvieran esqueleto; no es algo que se pueda simular". Ella dice que incluso los no creyentes han visto actividades demoniacas y lo expresa en estos términos: "así es en África".

Brendah tiene un "nombre ancestral" que le puso su padre cuando nació. Ella no piensa decírmelo y mucho menos hará referencia a su significado. Hemos compartido los secretos más profundos y oscuros de nuestras vidas, pero ella nunca me dirá lo que yo consideraba un "simple" nombre. Para ella es mucho más que eso, porque conoce demasiado bien el poder de Satanás y está muy contenta de alejarse de esto, hasta el punto de callar cualquier cosa que pueda glorificarlo, como repetir su nombre ancestral.

En nuestras conversaciones con las jóvenes de nuestro país, nos inquietó que muchas veces su idea de Satanás y su reacción ante él en realidad glorifican al enemigo. Es decir, le conceden una gran importancia a él y sobrestiman su poder. Por otro lado, algunas jóvenes con quienes hablamos en gran medida lo subestimaban. Descubrimos mucha confusión acerca de quién es Satanás y de lo que es capaz de hacer.

"ESTÁ EN TODAS PARTES".
"Puede leer mis pensamientos".
"Ni siquiera es real".

Podemos entender el porqué de tal confusión. En 2006, el 45% de los adultos que se llamaban cristianos y tenían fe en la Biblia creían que Satanás es un simple ícono del mal, no un ser cuya existencia podía entenderse en sentido literal.[1] Esta creencia equivocada nos impide discipular a las jóvenes sobre cómo responder frente a Satanás. Muchas jóvenes de tu generación no tienen en cuenta la presencia y la influencia de Satanás. Y aquellas que creen que es un ser literal, corren el peligro de magnificar su poder.

Es necesario que tengas una comprensión básica de quién es Satanás y de cómo opera. Veremos si podemos acabar con los malentendidos. Luego estudiaremos dos mentiras principales que jóvenes como tú creen acerca de Satanás y de la guerra sobrenatural que libra contra nuestro Dios santo.

¿QUIÉN ES SATANÁS?

Satanás era un hermoso arcángel, uno de los ángeles principales que fue expulsado del cielo por querer ser igual a Dios. El profeta Ezequiel presenta una descripción gráfica que, según la mayoría de los eruditos bíblicos, hace referencia a Satanás. Él escribe que en el principio Satanás era:

"el sello de la perfección"
> **"lleno de sabiduría"**
>> **"acabado de hermosura"**
>>> **"el querubín protector"**

Sin embargo, más adelante Ezequiel relata que Satanás:

"[fue] lleno de iniquidad"
> **"se enalteció [su] corazón a causa de [su] hermosura"**
>> **"[corrompió su] sabiduría"** (Ezequiel 28:12-17)

Por su arrogancia y rebelión, Dios lo expulsó del cielo.

Satanás pensó que podía llegar a ser "semejante al Altísimo" (Isaías 14:14). Pero en nada se parece él a Dios. Para empezar, Satanás tuvo un principio, y un día llegará el fin de su reino sobre este mundo, cuando será lanzado al "lago de fuego" y será atormentado día y noche por los siglos de los siglos (Apocalipsis 20:10). Dios no tiene principio y su reino jamás terminará.

¿QUÉ NO PUEDE HACER?

El poder de Satanás es completamente diferente del poder de Dios. Dios todo lo puede (es omnipotente), todo lo sabe (es omnisciente) y está presente en todas partes (es omnipresente). Satanás tiene limitaciones que Dios le ha impuesto.

ÉL NO ES OMNISCIENTE (no lo sabe todo). La Biblia nos dice que él no sabe cuándo volverá Cristo (Mateo 24:36). Podemos dar por hecho que hay muchas otras cosas que él desconoce.

ÉL NO ES OMNIPOTENTE (no es capaz de todo). Su poder es limitado y está supeditado a Dios (ver Job 1:12; 2:6; Lucas 22:31; Santiago 4:7; Mateo 4:1-11; Efesios 6:16). Nada puede hacer sin que Dios se lo permita.[2]

ÉL NO ES OMNIPRESENTE (no puede estar presente en todas partes a la vez). Para estar presente donde quiere depende de los ángeles que se rebelaron junto con él y que ahora son demonios.[3]

La Biblia describe a Satanás como nuestro adversario, nuestro acusador, nuestro tentador y el engañador. Lo describe como un "león rugiente, [que] anda alrededor buscando a quien devorar" (1 Pedro 5:8). Y aunque es limitado, muchas veces puede con el permiso de Dios hacernos la vida difícil. Parece que ahí empieza la confusión, así que veamos la primera mentira que descubrimos que muchas jóvenes cristianas creen acerca de Satanás.

#5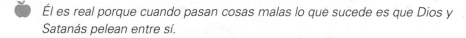

{ "Todo lo malo que ocurre es guerra espiritual". }

Las jóvenes de nuestros grupos de enfoque expresaron esta mentira de diferentes maneras.

🍎 *Yo creo que las cosas malas suceden cuando Satanás pone a prueba a Dios.*

🍎 *Él es real porque cuando pasan cosas malas lo que sucede es que Dios y Satanás pelean entre sí.*

Es cierto que existe una batalla en la que participan Satanás y sus fuerzas del mal. La Biblia dice con claridad que nosotros estamos involucrados en ese combate espiritual:

Porque no tenemos lucha contra sangre y carne, sino contra principados, contra potestades, contra los gobernadores de las tinieblas de este siglo, contra huestes espirituales de maldad en las regiones celestes (Efesios 6:12).

A veces, las cosas malas que nos pasan son un ataque directo de Satanás. En ocasiones, ambas hemos experimentado pensamientos muy aterradores, tentaciones muy fuertes o la sensación paralizante de incapacidad cuando nos disponíamos a ministrar a otros. Creemos que estos ataques pueden venir de Satanás. En esos momentos, lo indicado es pedirle a Dios: "líbranos del mal" (Mateo 6:13). Sin embargo, no todas las cosas malas que nos ocurren son ataques directos e inmerecidos de parte de Satanás y sus secuaces. Satanás no es el único enemigo de nuestra alma.

Muchas de las cosas malas que te suceden son el resultado de tus propias decisiones. Uno de los mayores enemigos de tu crecimiento cristiano eres *tú misma*. Es lo que muchas veces el Nuevo Testamento llama la "carne" (ver Romanos 7:25; Gálatas 5:16; 1 Pedro 2:11). Por ejemplo, cuando llegas a tu primer día de universidad, muchas compañías de crédito te darán la bienvenida. Todas te darán regalos "gratis" con la condición de que te afilies a su tarjeta de crédito. Puede que estés tentada por una manta de la universidad para llevar a los partidos, un mes de pizza gratis y la tarjeta de regalo con valor de 25 dólares para descargar música de iTunes.

¡No caigas en la trampa! Si lo haces, al final de tu vida universitaria lo más probable es que hayas acumulado una deuda considerable por el uso de la tarjeta de crédito. De hecho, los investigadores predicen que muchos jóvenes de tu generación seguirán pagando esa deuda hasta sus setentas.[4] ¡Vaya trampa!

Si usas tarjetas de crédito para comprar cosas que exceden tu presupuesto, tarde o temprano terminarás en cautiverio económico. Cuando te sientes desalentada porque no puedes pagar tus cuentas, no es porque te haya atacado Satanás, sino porque has tomado decisiones sin sabiduría. Has sido tu propio enemigo.

A veces suceden cosas malas por la influencia del mundo caído en el que vivimos. El Nuevo Testamento usa la palabra griega *kosmos* para referirse al "orden" o al "sistema de cultura organizada aparte de Dios" (Juan 15:18-19; 1 Corintios 1:18-24). Este "kosmos" ataca nuestros deseos y ojos, y alimenta nuestro orgullo. Dicho sistema mundano ha sido y es siempre el mismo enemigo feroz.

Por ejemplo, para la mayoría de personas de la generación de nuestros abuelos, la pornografía no era un problema serio. Para encontrarla, tenían que ir a lugares de mala fama. Hoy día es un gran problema porque está en todas partes. Es casi imposible conducir por una ciudad sin ser bombardeado por imágenes sexuales en las vallas publi-

FILTRAR
EL MUNDO

Si no tienes un programa que filtre o que te obligue a rendir cuentas de lo que haces en tu computadora, simplemente eres más susceptible a las influencias sexuales, satánicas y mundanas. Revisa tu programa de navegación de Internet. Muchos cuentan con su propio sistema de filtración. Te sugerimos que instales un filtro adicional. Uno de nuestros favoritos es un programa de rendición de cuentas llamado Covenant Eyes. Puedes encontrar más información sobre éste en www.covenanteyes.com.

citarias. Cuando navegamos por la Internet para comprar algo tan inofensivo como un collar de perlas, sin querer podemos hallarnos frente a imágenes sucias si no tenemos un filtro instalado. De acuerdo con un estudio, el 90% de adolescentes entre los 16 y los 18 años ha visto pornografía en la Internet, la mayoría mientras realizaban sus deberes escolares.[5]

Si eso te ha sucedido, es muy probable que no lo hayas buscado. Tampoco quiere decir que Satanás haya planeado un ataque específico contra tu vida. Eso significa que en ocasiones harás frente a lo pecaminoso simplemente porque vives en un mundo caído.

Cuando enfrentamos dificultades, no debemos dar por hecho que el causante es Satanás. La Biblia dice con claridad que nuestra batalla por la santidad se libra en tres frentes. Luchamos contra Satanás, pero también contra nuestra propia carne y contra el mundo. No podemos pasar por alto ninguna de las tres. De hecho, con frecuencia se entrelazan, y en algún sentido Satanás está involucrado en todas ellas. Pero cuando te suceden cosas malas no puedes simplemente gritar "guerra espiritual" como si estuvieras exenta de responsabilidad.

Y aunque él sea la fuente de tus problemas, tú tienes tu parte de responsabilidad. Si padeces alguna opresión o influencia demoniaca, Dios te ha dado por medio de Cristo y de la cruz todo lo que necesitas para ser libre. Por eso el arrepentimiento, la confesión y la aceptación de la verdad bíblica son tan importantes. Aunque Job sufrió un terrible ataque de Satanás, no pecó (Job 1:22). Esa debe ser nuestra meta.

Por cierto, hablemos un poco de la responsabilidad personal.

#6 { "Nunca me he expuesto a prácticas ocultas". }

Una y otra vez hemos preguntado a las chicas: "¿Alguna vez te has expuesto a prácticas ocultas?" y su respuesta, una y otra vez fue "no". Entonces les preguntamos acerca de puntos específicos:

"¿ALGUNA VEZ	has visto o leído tu horóscopo?".
"¿ALGUNA VEZ	has participado en actividades psíquicas?".
"¿ALGUNA VEZ	te han leído la palma de la mano?".
"¿ALGUNA VEZ	has usado un juego de vídeo o has visto una película que mostraba las fuerzas demoniacas o la brujería como algo positivo?".

ESTA VEZ, LA RESPUESTA FUE "BUENO, SÍ, PERO . . .". Es fácil

tolerar la maldad cuando nos exponemos a ella de manera repetida o esporádica. Y si bien es probable que esta exposición fortuita no pueda por sí sola destruir tu fe y tus valores, debes saber que exponerse de manera descuidada e ingenua puede ser peligroso. Por ejemplo, si piensas que una tabla Ouija es apenas un juego tierno, pasas por alto el hecho de que ésta se considera una entrada espiritual a la comunicación con los muertos (la Biblia lo llama "adivinación"). Simplemente queremos decirte que tomes *consciencia* del riesgo al que te expones y que aprendas lo que Dios dice al respecto.

Dios prohíbe cualquier forma de brujería y hechicería, que incluye la adivinación, los horóscopos y hablar con los muertos. La Palabra de Dios explica esto de forma clara e inequívoca:

> **No sea hallado en ti… quien practique adivinación, ni agorero, ni sortílego, ni hechicero, ni encantador, ni adivino, ni mago, ni quien consulte a los muertos. Porque es abominación para con Jehová cualquiera que hace estas cosas…** (Deuteronomio 18:10-12).

Y LA PERSONA QUE ATENDIERE A
ENCANTADORES O ADIVINOS…
YO PONDRÉ MI ROSTRO CONTRA
LA TAL PERSONA (LEVÍTICO 20:6).

Está muy claro que el pueblo de Dios no debe tener contacto alguno con la adivinación, los agüeros o los signos del zodiaco (como los horóscopos y la adivinación), ni con médiums o espiritistas que consultan los muertos (como los psíquicos). Sin embargo, están de moda los espectáculos psíquicos en televisión, e incluso muchos cristianos se sienten atraídos por ellos. El 72% de los jóvenes que asisten a grupos juveniles han leído su horóscopo.[6] Hemos sabido de un grupo de chicas que intentó llevar a cabo una sesión espiritista durante un campamento cristiano "solo por diversión".

Tenemos que preguntarnos si los adolescentes son conscientes de que esta clase de actividades no son simple "entretenimiento inocente". En realidad, Dios se refiere a dichas actividades con el término "detestable" para expresar su parecer.

Estas advertencias no son exclusivas del Antiguo Testamento. El apóstol Pablo advierte claramente que quienes practican la hechicería o la brujería no heredarán el reino de Dios (Gálatas 5:20-21). Si Dios aborrece tanto la brujería, ¿no deberíamos nosotras al menos tener sumo cuidado de no exponernos a ella?

Los brujos, encantadores, zombies y otros personajes muertos u ocultos no son considerados algo temible, sino los protagonistas del entretenimiento popular. A menudo buscamos lo "bueno" en ellos. ¿Harry Potter? Un mago "bueno". "Equipo Edward", porque Edward es un "buen" vampiro. Y hace poco en una conversación teológica con unos amigos, alguien dijo a uno de mis amigos que *The Walking Dead* (Muertos vivientes) era el programa de televisión más positivo desde el punto de vista espiritual.

Cualquier medio que presenta a los personajes de las tinieblas como héroes, que incita la curiosidad o que alienta la experimentación y la exploración de cosas relacionadas con el ocultismo, es peligroso y debe evitarse. Entretenerse o ser atraído por la brujería es caer en la tentación de aliarse con el mismo Satanás, el archienemigo declarado de Dios. ¡Con razón Dios abomina la brujería!

Existe otra práctica que podrías no relacionar con actividades ocultas. El yoga es un ejercicio muy en boga que aun muchos cristianos consideran inocuo, e incluso benéfico. Pero ¿sabías que el yoga se basa en "creencias y prácticas religiosas de... las religiones hindúes"?[7] Su propósito original era alcanzar la unión extática con el supremo Bramán, el espíritu supremo del hinduismo. El término yoga viene de una antigua palabra del sánscrito "yug", que significa "poner en un yugo". Muchas posiciones del yoga fueron creadas para adorar a dioses como la luna y el sol.

PRÁCTICAS OCULTAS Y JÓVENES CRISTIANAS

Entonces, ¿cuántas jóvenes entre los 13 y los 19 años han participado realmente en prácticas ocultas? El investigador George Barna entrevistó estudiantes que eran miembros activos de sus grupos juveniles, y descubrió que en los últimos tres meses...

El **72%** había mirado o leído horóscopos

Al **28%** les habían leído la mano

El **42%** había participado en actividades psíquicas

El **82%** había visto temáticas sobrenaturales y espirituales en películas o en la televisión[8]

TAL VEZ DIGAS: "¡ESPERA UN MINUTO!" El yoga con el que yo me ejercito nada tiene que ver con prácticas ocultas. Se puede hacer sin adorar. Solo realizas las posturas, respiras y más bien adoras a Dios". Bueno, entonces nosotras preguntaríamos: "¿Por qué no haces pilates?". Esta técnica

emplea la misma clase de respiración, posturas similares y produce la misma clase de resultados físicos sin estar ligado a religiones paganas o idolatría.

Ahora bien, puede que al leer este capítulo pienses: *¡Qué alivio! Me alegra no estar involucrada en actividades que podrían estar relacionadas con lo oculto.* Bueno, eso no significa necesariamente que seas inmune a la influencia de Satanás. *Cualquier* práctica profana o cualquier modo de pensar contrario a la Biblia puede exponerte a esta clase de actividad en tu vida. Además, las Escrituras enseñan que *actitudes* como la ira (Efesios 4:26-27), la amargura y el rencor (2 Corintios 2:10-11) y la rebelión contra la autoridad (1 Samuel 15:23) también nos exponen a la influencia de Satanás.

QUEREMOS ANIMARTE A EXAMINAR TU VIDA. Si has participado

en cualquier actividad que pudiera tener relación con el ocultismo, o si hay ira, rencor o rebelión en tu corazón, has abierto una puerta al enemigo. ¡Ciérrala de inmediato!

Elige perdonar a quienes te han ofendido. Asegúrate de renunciar a cualquier práctica malvada en la que has participado o a la que te has expuesto, y luego pídele al Señor que te perdone y te libere de cualquier asidero que haya encontrado Satanás en tu vida por cuenta de tus decisiones. De esa manera cooperarás con Cristo, quien desea que vivas en libertad.

La Biblia dice: "Estad, pues, firmes en la libertad con que Cristo nos hizo libres, y no estéis otra vez sujetos al yugo de esclavitud" (Gálatas 5:1). El "yugo de esclavitud" se refiere a la ley y a las normas religiosas del Antiguo Testamento. Dios no quiere que nos enredemos en tratar de controlar nuestra conducta con una serie de normas externas, sino que estemos comprometidas en una relación de amor con Jesucristo, una relación que nos motiva a caminar en libertad y a vivir una vida que es agradable a Él.

El final de este versículo nos describe con palabras una imagen gráfica que nos ayuda a entender cómo perdemos nuestra libertad. En el idioma original griego, que ordenaba de manera particular los sustantivos y los verbos, habría quedado más o menos así: "Y no otra vez al yugo de esclavitud *estéis sujetos*".[9] (A los aficionados a Star Wars, ¡esto podría parecer la manera de hablar de Yoda!) En primer lugar, esta palabra deja bastante claro que tenemos parte de responsabilidad en nuestra propia esclavitud, ¿no es así? Es importante reconocerlo.

Por otro lado, hay algo más que quisiéramos que notaras en este versículo. La frase "estéis sujetos" traduce una sola palabra griega: *enechesthe*. Esta palabra significa "sostener en o sobre; atrapar". Con mucha frecuencia, la Biblia usa el concepto de lazo como trampa. Es una herramienta que se emplea para la caza silvestre. Puede que no seas una cazadora vestida de camuflado, pero al menos pongámonos un chaleco naranja para adentrarnos en el bosque y aprender esta lección.

ENECHESTHE
Estar sujeto, sostener en o sobre, atrapar.

Un lazo no es la típica y horrible trampa de metal que se ve tan desagradable y amenazante con sus dientes de hierro. Un lazo es mucho más sutil; es un simple trozo de cuerda con un nudo. No aparenta ser una gran amenaza, si acaso se le puede notar. Cuando un animal pasa por él, camina tranquilamente. Y sigue caminando, sin sentir nada. En algún momento, siente una leve tensión, pero avanza. Antes de poder darse cuenta, la fuerza de su propio movimiento enlaza al animal, que queda atrapado. No se da cuenta de que si hubiera retrocedido antes, tal vez habría podido escapar. El animal es atrapado por el cazador, *¡pero en realidad queda atrapado por sus propias acciones!*

Esa es una imagen gráfica y aterradora de lo que puede suceder cuando nos aventuramos en las cosas de Satanás pensando que son inofensivas. Al final, solo Jesús puede rescatarnos, pero debemos ser conscientes de cómo nuestras propias acciones nos ponen en riesgo para que podamos arrepentirnos y clamar a Él cuando sintamos que ese lazo está aprisionando nuestro corazón o nuestra mente.

Si haces los cambios necesarios en esta área de tu vida, puede que descubras que eres la única en esto. Juan 3:19 nos recuerda que: "los hombres amaron más las tinieblas que la luz". Muchas personas no quieren que sus vidas queden expuestas ante la verdad y la luz de Dios. Tienen miedo de quedar al descubierto. No te desanimes. Sigue invitándolas a vivir en la luz demostrándoles que es mucho mejor que vivir en tinieblas.

La mentira

La verdad

Todo lo malo que ocurre es guerra espiritual.

- Algunas cosas malas que enfrentamos son batallas contra Satanás y sus fuerzas del mal. Efesios 6:12

- A veces las cosas malas que enfrentamos son el resultado de nuestras propias elecciones. Romanos 7:25; Gálatas 5:16-18; 1 Pedro 2:11

- A veces las cosas malas que enfrentamos son producto del mundo caído en el que vivimos. Juan 15:18-19; 1 Corintios 1:18-24; 1 Juan 2:15-17

- Cualquiera que sea la fuente de nuestras dificultades, siempre somos responsables de nuestras propias decisiones y acciones. Romanos 14:10b, 12

Nunca he estado expuesta a prácticas ocultas.

- Dios prohíbe cualquier forma de hechicería y brujería. Levítico 20:6; Deuteronomio 18:10-12; Gálatas 5:20-21

- Las actividades ocultas, al igual que las actitudes y acciones pecaminosas, abren la puerta a la influencia de Satanás en nuestra vida. Efesios 4:26-27

Aplicación personal

AUNQUE ES PELIGROSO EXPONERNOS A MENTIRAS ACERCA DE SATANÁS, ES ALGO QUE HACEMOS A DIARIO.

Examina tu vida escribiendo en un diario tus respuestas a las siguientes preguntas:

¿Qué mentiras acerca de Satanás he sido más propensa a creer?

¿Qué versículos específicos puedo guardar en mi corazón para refutar esas mentiras con la verdad?

La mejor amiga

Qué DESASTRE de día. A veces detesto ser una chica. 😠 A veces miro las revistas y me comparo con otras personas. Trato de imitar a las estrellas famosas no porque las admire a ellas ni sus vidas. #tengorazon? Es que se ven tan perfectas, y yo también quiero verme perfecta. #suspiro

Amiga! Tú NO quieres ser una estrella. SON UN DESASTRE!! Mira Filipenses 2:14-15. Tú eres UNA ESTRELLA!!! 🖤🖤🖤

Gracias! Tú siempre me recuerdas volver a la Palabra de Dios. #LaVerdad

"La tarea más imposible es rendir todo tu ser, con tus deseos y temores, a Cristo… Pero hasta que no entregues tu ser a Él no tendrás un verdadero ser".

C. S. LEWIS

Mentiras
acerca de mí misma

Paul Potts era un simple vendedor de teléfonos celulares del sur de Gales. Al ser un hombre más bien gordiflón, de edad madura y mala dentadura, la mayoría de personas no esperaban gran cosa de él. Tampoco él, a decir verdad. No obstante, su amor por la música y un momento de dificultad económica lo llevaron a dejar a un lado su propia falta de confianza para cantar delante del mundo con la esperanza de ganar 200.000 dólares. Decidió probar suerte en un concurso televisivo llamado *Britain's Got Talent*, presentado por el quisquilloso Simon Cowell y su equipo. Este popular espectáculo es famoso por presentar al aire lo mejor y lo peor. ¿En qué categoría estaría Potts? Todo parecía patéticamente claro.

"La confianza ha sido siempre algo difícil para mí", dijo mientras esperaba entrar en escena.

"¿A qué viniste hoy aquí, Paul?", preguntó la atractiva mujer del jurado cuando al fin salió al escenario.

"A cantar ópera", anunció él.

Los jueces hicieron un gesto de "sí, cómo no".

Esto se ponía bueno. Él no solo quería cantar; ¡pensaba cantar ópera! ¿Quién votaría por eso?

Sin embargo, minutos después el melodioso y magnífico sonido de una canción de amor italiana interpretada por este cantante desconocido desató un torrente de emociones en el auditorio y terminó en una explosión de aplausos, lágrimas y una ovación con todo el público de pie. Paul Potts siguió cantando hasta convertirse en la estrella del espectáculo. Si él se hubiera conformado con sus temores e inseguridades, nunca habría descubierto que era un cantante de ópera de talla mundial.

El concepto que tenemos de nosotras mismas nos capacita para hacer aquello para lo cual Dios nos ha creado o bien nos impide llegar a ser todo lo que Él ha planeado que seamos. Es definitivo que tú desenmascares cualquier mentira que creas acerca de ti misma. Veamos dos de las más comunes que encontramos.

#7 { "Las chicas hermosas valen más". }

Cuando yo (Nancy) hablaba sobre esta mentira con una amiga que apenas pasa de los 20 años, ella comentó: "Yo no creo que muchas chicas salgan a decir o lleguen a pensar que tienen que ser tan hermosas como una modelo despampanante de revista, pero sí tenemos expectativas irreales y dañinas de nosotras mismas en este aspecto". ¡Eso es un hecho!

Tal vez no llegues a aparecer en la lista de las 100 personas más atractivas de la revista *People*. Quizá no luzcas como las celebridades cuyos rostros perfectos y cuerpos esculturales parecen estar *por todas partes*. Esperamos sinceramente que no compartas los mismos gustos de muchas celebridades. ¿Podemos confiarte un pequeño secreto? Aproxima tu oído. Escucha bien. Las mujeres que esas revistas presentan como las más hermosas, famosas y deseables en el mundo luchan con las mismas mentiras que nosotras enfrentamos. ¡Puede que incluso más!

Piensa nada más en esto: Hollywood es considerado como "la capital de la belleza" en los Estados Unidos. Sin embargo, ¿dónde se encuentran la mayor cantidad de maquilladores, salones de Botox y cirujanos plásticos? Nuestros símbolos de la belleza pagan un precio muy alto por su breve fama y su protagonismo pasajero. Si la belleza verdadera y duradera no vienen de un salón de belleza, ¿dónde podemos encontrarla? En la Palabra de Dios encontramos la certeza de que ya somos "formidables, maravillosas" (Salmo 139:14), y que a los ojos de Aquel cuya opinión vale más, somos hermosas.

De igual forma, podemos entender con certeza que la medida de lo que el mundo llama "belleza" ha hecho más difícil que veas tu propio valor. Muchas chicas con quienes hablamos dijeron que se sentían feas, gordas o ambas cosas. Otras dijeron que se odiaban y se sentían despreciables por su apariencia. Hay un sentido implícito de que si no cumples con determinado criterio de "belleza", careces de valor o de importancia. ¡Ay! Las mentiras que creemos acerca de nuestra apariencia pueden ser mortales y muy difíciles de vencer. Es posible que a pesar de conocer la verdad en nuestra mente, las emociones que esto suscita nos hagan tambalear.

 Sé que lo más importante es quién soy en Cristo, pero si me pongo emotiva y dejo de pensar con la cabeza, empiezo a sentir que la belleza exterior es más importante que la interior, a pesar de que sé que es un error. Abandono la razón a cambio de la emoción.

Este año incluso falté muchas veces a la escuela porque estaba deprimida por mi apariencia. Me preocupo tanto por mi cara y mi cabello en la

mañana que eso arruina mi día entero. Mi mamá tiene que arrastrarme hasta la escuela y yo corro hasta el baño para volver a mirarme en el espejo antes de entrar a clase. Si no soporto cómo me veo, la llamo y me invento que tengo calambres o cualquier otra excusa. Detesto que eso me pase.

¿HAS PASADO POR ESO? ¿HAS HECHO ALGO ASÍ?

Aunque nunca hayamos llegado a ese punto, ambas hemos batallado con pensamientos y emociones muy similares. Cuando yo (Nancy) era adolescente, tuve que usar un aparato de ortodoncia, no tenía idea de cómo arreglar mi cabello y carecía por completo de buen gusto para vestir. Además, luché con mi peso en todos mis años de adolescencia. Medía 1,55 y pesaba 60 kilos cuando estaba en séptimo grado. (¡Cómo odiaba esos horribles uniformes de gimnasia que nos hacían poner!) Era (¡y a veces aún lo es!) difícil no comparar mi cuerpo bajo y grueso con el de aquellas chicas altas y delgadas que podían comer lo que les antojaba y siempre se veían espléndidas.

Nuestra preocupación por la apariencia no es ninguna novedad. Estamos convencidas de que es algo con lo que las mujeres han luchado en todas las generaciones. De hecho, el asunto se remonta a la primera mujer. ¿Recuerdas lo que le atrajo a Eva del fruto prohibido?

> **Y vio la mujer que el árbol era bueno para comer, y que era agradable a los ojos, y árbol codiciable para alcanzar la sabiduría; y tomó de su fruto, y comió** (Génesis 3:6).

El fruto tenía una función: era bueno para comer. También atrajo a Eva por su deseo de adquirir sabiduría. También, y no menos importante, el fruto era hermoso. El enemigo logró que ella se fijara más en la apariencia física de un fruto que en las cualidades menos visibles como la confianza y la obediencia. El problema no radicó en que el fruto fuera agradable, sino en que ella dio prelación a la apariencia física y no a su relación con Dios. Al hacerlo, creyó una mentira y actuó conforme a ella. Hasta el día de hoy seguimos haciendo lo mismo.

La lista de formas en que esto se manifiesta es larga:

ALGUNAS	observan a otras chicas y terminan odiándose a sí mismas.
ALGUNAS	examinan a otras chicas y hacen comentarios despectivos de ellas… o incluso delante de ellas.
ALGUNAS	harían lo que sea para recibir halagos masculinos. ¡Lo que sea!
ALGUNAS	se hacen cortes en el cuerpo como castigo por no dar la talla.

ALGUNAS	visten solo para encajar en su medio, para seguir la moda indecente de los demás.
ALGUNAS	se visten con la intención de atraer las miradas y el deseo de los hombres.
ALGUNAS	coquetean.
ALGUNAS	gastan demasiado en su apariencia.
ALGUNAS	se quedan lamentándose y llorando al respecto.

La mujer promedio consume 6 libras de lápiz labial en su vida.

UNA TAPA DE REFRESCO

¿Cómo detienes el ciclo?

Primero, recuerda que la belleza física es pasajera. Somos conscientes de que esto puede no ser lo que tú quieras oír. (¿Te sentirías mejor si te recordamos que no eres la única?). Tú no quieres una solución rápida y pasajera, ¿o sí? Quieres ser sana en lo más profundo de tu ser. Así que tendrás que acudir a la Palabra de Dios en busca de la verdad. Ella nos recuerda que "Engañosa es la gracia, y vana la hermosura" (Proverbios 31:30). ¡Cualquier mujer mayor que conoces puede dar fe del hecho de que la belleza externa es efímera y que la obsesión de nuestra cultura con guardar una apariencia joven es un ejercicio inútil!

Sin embargo, la buena noticia es que *hay un tipo de belleza que sí perdura*:

Vuestro atavío no sea el externo de peinados ostentosos, de adornos de oro o de vestidos lujosos, sino el interno, el del corazón, en el incorruptible ornato de un espíritu afable y apacible, que es de grande estima delante de Dios (1 Pedro 3:3-4).

Estos versículos no dicen que esté mal ir de compras hasta el agotamiento (siempre y cuando no gastes demasiado), ni que sea pecado cambiar tu corte de cabello. En ningún lugar las Escrituras condenan la belleza física ni la expresión de ella. Lo que sí condena es que prestes atención excesiva a tu belleza exterior ¡mientras descuidas la belleza de tu corazón!

Yo (Dannah) recuerdo claramente el punto decisivo en mi lucha personal con la belleza. Siempre he tenido problemas con mi piel. Durante casi todos mis años de adolescencia, temía tanto verme en el espejo que aprendí a maquillarme sin espejo en la oscuridad. (¡Mi hija Lexi todavía se asombra de mis habilidades para arreglarme a ciegas!) Si bien era cierto que yo no tenía (ni tengo) una piel tersa, Satanás aprovechó esto para alimentar mentiras. Durante esos años, muchas veces creí la mentira de que no solo era fea, sino que por culpa de mi piel yo no valía nada.

¡Entonces llegó Jesús al rescate! Yo estudiaba en la universidad de

Cedarville cuando por fin me di cuenta de que Dios no solo quería un tiempo de oración cada mañana como una solución inmediata, sino que yo lo amara con todo mi corazón y mi mente (Lucas 10:27). Empecé a leer la Palabra y a orar con más frecuencia. Mi diario dejó de ser una chismografía y se convirtió en un registro de mis oraciones. Y... después de pasar cierto tiempo de comunión con Dios... y sin darme cuenta... sin haber orado por eso y ni siquiera pensarlo... ¡empecé a mirarme en el espejo!

Ahora bien, no es que yo me haya observado y haya dicho: "¡Vaya, estás preciosa!". Pero tampoco lo evadía con miedo. Me miraba en el espejo y simplemente pensaba: "Dios hizo algo bueno". Quizá nunca logres aceptar por completo la manera como Dios te creó, ¡a menos que comprendas que debes enfocarte más en tu belleza interior que en tu apariencia exterior!

Hace poco, una amiga que solo me había visto en un vídeo filmado hacía doce años (habla Nancy), con mucho tacto trató de decirme cuánto había envejecido desde entonces. (No sirvió de mucho que acostumbrara teñir mis canas prematuras en esa época; ¡desde entonces tiré el producto y preferí lucir mi cabello al natural!). Nos echamos a reír. Luego le dije a mi amiga: "¿Sabes? En realidad no me molesta envejecer. Hace mucho tiempo decidí que, ¡no iba a pasarme la vida tratando de parecer más joven ni obsesionada con la belleza física!".

Eso es verdad. Sin embargo, también resolví que *pasaría* mi vida tratando de cultivar la belleza interior, de ser una persona cada vez más amorosa, bondadosa y amable. He visto mujeres de diferentes edades que no se destacan por su gran atractivo físico, pero que irradian una belleza interna que realmente atrae y que solo puede explicarse por su relación con Jesús.

Este es un sencillo examen que te permitirá determinar si estás más enfocada en la belleza que perdura:

RESPONDE SI **HOY** PASASTE MÁS TIEMPO:
frente al espejo, arreglando tu apariencia exterior
○ **en la Palabra de Dios,** cultivando la
belleza interna en tu corazón y en tu carácter.

Es así de simple. Dios quiere que embellezcas tu corazón.

Aunque la belleza que más le importa a Dios es la interna, se reflejará en tu apariencia externa. Tu estilo de vestir debe reflejar lo que hay en tu interior. El apóstol Pablo escribió acerca del modo en que debían vestirse las mujeres. Él exhortó a las mujeres a que "se atavíen de ropa decorosa, con pudor y modestia; no con peinado ostentoso, ni oro, ni perlas, ni vestidos costosos, sino con buenas obras, como corresponde a mujeres que profesan piedad..." (1 Timoteo 2:9-10).

Tu apariencia externa debe ser un reflejo de tu corazón. Tu corazón debe ser puro. Por eso es tan importante la modestia. Tu corazón debe ser gozoso.

Por eso descalificamos por completo el lóbrego estilo gótico. Tu corazón debe estar lleno de vida. Por eso las modas con calaveras y signos de muerte deberían descartarse. La apariencia debe reflejar lo que hay en el interior.

Lo que tú crees acerca de la belleza dependerá de lo que mires. Conscientes de que es difícil separar lo interno del exterior, vamos a ir al grano respecto a un asunto realmente crucial: *cómo nos comparamos con otras mujeres.* Muchas jóvenes cristianas con quienes hablamos tenían pilas de revistas de belleza y moda en sus casas. Parecía que mirarlas con detenimiento no les hacía ningún bien. Esto fue lo que dijeron algunas:

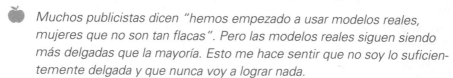 *Muchos publicistas dicen "hemos empezado a usar modelos reales, mujeres que no son tan flacas". Pero las modelos reales siguen siendo más delgadas que la mayoría. Esto me hace sentir que no soy lo suficientemente delgada y que nunca voy a lograr nada.*

🍎 *Me emociona mirar esos sitios de moda en la Internet. Llego a pensar que podré verme así, pero luego me miro en el espejo y me veo peor que antes. Nunca me veré como ellas.*

¿Te animaría recordar que aun las mujeres de las revistas no se ven así? La actriz y cantante británica Kate Winslet ha ganado un premio de la Academia, un premio Emmy, cuatro premios Golden Globe, un Grammy y más. Cuando apareció en la carátula de una popular revista en la que lucía esbelta y atractiva, ella reaccionó diciendo:

 "Yo no me veo así. Además, tampoco quisiera verme así. Redujeron el tamaño de mis piernas casi una tercera parte".[1]

Estas mujeres elegantes con salarios exorbitantes no se ven tal como las vemos en las carátulas de las revistas y en las películas. Y ellas sienten la misma presión que tú para alcanzar una norma que no es saludable y resulta inalcanzable. Así lo reconoció otra reconocida actriz:

 "Mi talla, mi estatura y todas mis otras medidas son el doble que la mayoría de las actrices tienen al presentarse para una audición. ¿No te parece una locura que aun con mi talla soy una de las más grandes aquí? Es entonces que empiezas a decir: 'no creo que sea saludable para mí permanecer en este medio por mucho tiempo'".[2]

La prensa estima que esta actriz mide 1,70 metros y pesa cerca de 52 kilos. Es muy probable que la mayor parte del tiempo ella use ropa talla 2 o 4, ¿y dice que es grande?

La medida de belleza exterior que establece el mundo es inalcanzable.

La norma de belleza que Dios ha establecido puede lograrse simplemente pasando tiempo con Él, y esa belleza interior te dará seguridad respecto a la apariencia que Él te ha dado.

#8 { "Tengo que ganar con logros el amor y la aceptación". }

Un apabullante 95% de las chicas con quienes hablamos confesaron que desde siempre, o en ocasiones, esta mentira las había afligido.

🍎 *He luchado con la depresión durante cinco años. Siempre siento de alguna manera que no valgo, que no soy lo bastante buena. Sé que Satanás es quien me dice que nunca lograré nada, que no puedo alcanzar NADA en la vida.*

🍎 *Tan pronto llegas a los últimos años de secundaria, la universidad se convierte en una obsesión. Si tienes una mala calificación todo el mundo lo nota. Cada día sientes esa gran presión de que las decisiones que tomas afectarán tus posibilidades de ingresar a la universidad. Es algo que te persigue todo el tiempo.*

🍎 *Quiero obtener una beca para jugar a la pelota en la universidad. Cuando tengo un mal juego, Satanás me dice "te fue mal esta vez, y para completar, todas estas cosas te salen mal...". Siento que así es como todo el mundo me ve.*

¿Estás segura de que es así como todos te ven? Es probable que sientas que todos, incluso Dios y tus padres, te juzgan por tu desempeño. Pero ¿es eso cierto? Empecemos a desnudar esta mentira echando primero un vistazo a cómo te ve Dios.

Tu valor no depende de lo que haces, sino de cómo Dios te ve.
Yo (Dannah) amé a cada uno de mis hijos aun antes de conocerlos. Tengo a Robby, mi primogénito e hijo maravilla. Luego está Lexi, mi bella artista que nació tres años después. Y por último Autumn, mi valiente y juguetona hija adoptiva de China. Soñé con ellos, pensé en ellos y oré por ellos antes de que fueran concebidos o adoptados. Estaba impaciente por abrazarlos cuando llegaron a mi vida, y yo no soy más que un ser humano. ¿Cuánto más te amará Dios a ti, que eres su hija?

Él te escogió desde antes de la fundación del mundo (Efesios 1:4). Él te

ESCRIBE TUS TEMORES ACERCA DEL
DESEMPEÑO

Como tus padres no son Dios, es posible que puedan estar obsesionados con tu desempeño académico, deportivo o en cualquier otra área en la que sobresalgas. Sin embargo, es mucho más probable que tú *sientas* que ellos están obsesionados con tus logros. ¿Cómo puedes saberlo? ¡Habla con ellos!

Si te parece difícil expresar tus sentimientos cara a cara, intenta escribirles una carta. Hemos visto que ocurren poderosas sanidades en las relaciones por medio de las cartas. Una carta te permite decir lo que sientes y cambiar aquello que podría ser muy ofensivo o negativo. ¿Por qué no lo intentas y miras cómo lo usa Dios?

tejió en el vientre de tu madre y declaró que has sido una obra "formidable, maravillosa" (Salmo 139:14). Te amó antes de que tú pudieras amarlo a Él (1 Juan 4:9). Y si perteneces a Él, nada podrá separarte de su amor (Romanos 8:38-39). Tu valor no depende de lo que tú haces, sino simplemente de que eres.

Dios no pide que hagas algo importante; Él solo quiere que seas obediente. Una destacada revista para líderes de negocios se ha referido a tu generación como la generación de los "prometedores superpoderosos".[3] Esa descripción surgió de dos características sobresalientes que se encontraron en estudiantes universitarios de primer año:[4] un deseo intenso de tener éxito y una proporción sin precedentes de estudiantes que se consideran dotados. Estas dos cualidades a menudo llevan a las personas a concluir que los jóvenes de tu generación se centran demasiado en sí mismos. No obstante, hay una cualidad que nos parece esperanzadora. Cuando se midió el comportamiento benevolente, los estudiantes de primer año de universidad demostraron un gran interés por el activismo y se inclinan más que otras generaciones a ofrecer sus servicios como voluntarios y dar dinero a las organizaciones benéficas.[5]

Estas características y comportamientos van acompañados de una urgencia de dejar huella en el mundo antes de llegar a la mayoría de edad para que, en realidad, cuente. Aparecer en un programa de televisión o abrir una tienda en Internet de artículos novedosos antes de llegar a la secundaria. Una publicación en las redes sociales que se vuelve viral y que te hace famosa en dos minutos (literales) o un contrato de publicación a los dieciocho años. Sin importar cómo, se espera que los "prometedores superpoderosos" logren hazañas de gran envergadura.

Si se traduce todo este concepto de "prometedores superpoderosos" a la comunidad cristiana, puede que tú te hayas convencido de que tienes un "llamado vital" para "hacer algo grande para Dios". *Esta puede ser una manera peligrosa de pensar.* Podría sorprenderte leer esto, pero hay una diferencia entre tener un llamado a hacer algo grande "para Dios" y ser llamado a servir a un Dios grande.

La diferencia sutil entre estos dos conceptos es determinante. Tener un llamado para hacer algo grande para Dios pone el acento (y la carga) en ti y en cuán grandiosa eres tú. Tener un llamado para servir a un Dios grande pone el enfoque en Él y te libera para servirle. ¿Buscas con sinceridad un llamado de Dios o más bien estás buscando ser famosa?

Piensa en lo siguiente: la fama en el mundo cristiano no se presenta como podrías pensar.

> **María, la madre de nuestro Señor**, se hizo "famosa" con solo decir: "Sí, Señor" y aceptar así una vida que le prometía convertirla en una marginada en su propia comunidad, dar a luz en un establo y vivir como refugiada en un país extranjero.

> **Corrie ten Boom** se volvió "famosa" con solo decir: "Sí, Señor" cuando eso significó esconder judíos durante el Holocausto y pasar años en un campo de concentración nazi viviendo con pulgas y comiendo potaje frío cuando había algo para comer.

> **Elisabeth Elliot** se volvió "famosa" con solo decir: "Sí, Señor" cuando su esposo murió como mártir a manos de los guerreros Huaorani en Ecuador, y otra vez cuando Dios le pidió regresar y amar a aquellas personas a pesar de lo que habían hecho.

> **Amy Carmichael,** una de las primeras opositoras evangélicas al tráfico humano, se volvió "famosa" con solo decir: "Sí, Señor" para servir en India durante cincuenta y cinco años sin descanso y yacer enferma durante dos décadas al tiempo que rescataba a niños abandonados y trabajadoras sexuales.

Estas mujeres no tenían micrófonos, ni podcasts, ni blog, ni plataforma. Tenían una sola cosa: obediencia. Dios no necesita que tú hagas algo grande. Él quiere que seas obediente a cada momento. Y conforme obedeces, Él te usará como mejor le parece.

La idea de que puedes hacer algo para ser valiosa o para ganar el amor de Dios es una herejía. El origen de esa mentira es una mentalidad que se basa en las *obras* en lugar de la *gracia* (Romanos 11:6). Para experimentar el favor de Dios basta con responder a su amor, el cual demostró de manera contundente en la muerte de su precioso Hijo. En vez de tratar de *hacer* algo por Él (basarte en obras), necesitas recibir lo que *Él* ha hecho por ti (basarte en la gracia). No puedes recibir este don gratuito mediante las obras, porque entonces podrías jactarte de haberlo ganado (Efesios 2:9). Cristo murió para que tú pudieras experimentar el amor y la aceptación de Dios como un regalo de su gracia.

TUS BUENAS OBRAS HAN DE GLORIFICAR A DIOS Y NO A TI MISMA.

Cada esfuerzo que realizas, ya sea como nadadora, jugadora de béisbol, estudiante sobresaliente o líder de tu grupo juvenil, debe hacerse para la gloria de Dios y no la tuya (1 Corintios 10:31). Si sientes la presión de hacer lo que haces para ser valiosa, tienes las motivaciones equivocadas. Dios sí quiere que tú hagas buenas obras, pero solo como una ofrenda de gratitud a Él por el gran regalo que Él nos ha dado (Santiago 2:12-18).

Sofía descubrió que vivía según el modelo destructivo de creer que sus logros determinaban su valor. Desde pequeña competía como nadadora a nivel internacional.

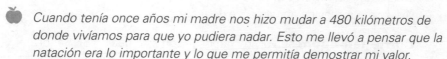 *Cuando tenía once años mi madre nos hizo mudar a 480 kilómetros de donde vivíamos para que yo pudiera nadar. Esto me llevó a pensar que la natación era lo importante y lo que me permitía demostrar mi valor.*

A los dieciséis años, Sofía se convirtió en discípula de Cristo. A pesar de su fe inicial, empezó a creer la mentira de que su identidad estaba ligada a la natación y que para agradar a Dios tenía que nadar bien.

Me fijaba en los deportistas cristianos. Para ser como ellos tenía que ser buena deportista, lo cual significaba ser la mejor en natación.

En poco tiempo, recibió una beca como deportista en una de las diez mejores universidades del país, para competir allí al nivel más alto que jamás había alcanzado. A pesar de eso, se sentía desdichada.

Me tomó entre tres y cuatro años desde que entregué mi vida a Cristo para comprender que mi identidad estaba fundada en Cristo y que mis calificaciones y mis hazañas deportivas no eran lo que me hacía valiosa.

Está bien ser un deportista llamado por Dios y sentirse orgulloso de sus logros, pero no está bien que esos logros sean tu identidad. Tuve que abandonar la natación, y dejarla fue lo más difícil que había hecho hasta ese momento de mi vida. Me sentí muy mal. Al principio mi identidad colapsó. Pasé un tiempo de duelo y me aislé de las personas. Me deprimí. Hasta me trasquilé. Pero con el tiempo empecé a darme cuenta de que era valiosa porque era hija de Dios y nada más. Valió la pena sufrir todo eso para descubrir esa verdad.

Aunque la natación no era algo malo en sí mismo, se había convertido en la medida de valor para Sofía. Ella pensaba que sus "obras" eran lo que la hacían valiosa a los ojos de su madre, de sus compañeros e, incluso, de su Dios.

Muchas veces las cosas en las cuales basamos nuestro valor son buenas. Esta ha sido una batalla que se repite en mi vida (Nancy). Siendo adolescente, me sentía tentada a buscar mi identidad o mi sentido de valía en logros académicos o en mis habilidades como pianista de música clásica. Ahora que soy mayor, a veces mido mi valor por mi "desempeño" como oradora o escritora.

Cuando lo hago "muy bien" me siento segura y reconocida, pero cuando mi desempeño es "deficiente" me desanimo y tiendo a dudar de mí misma. Tengo que hacer el esfuerzo consciente de contrarrestar esos sentimientos con la verdad de que soy plenamente aceptada *en Cristo* y que mi valor ante Él (o ante los demás) nada tiene que ver con mi desempeño. De otra manera, me inclino a trabajar demasiado y a buscar siempre "retroalimentación positiva" de mi trabajo.

Esa clase de pensamiento es jactancioso, un cristianismo basado en los logros. De hecho, es completamente contrario al verdadero cristianismo que se basa de principio a fin en la fe humilde en los logros de *Cristo* y en la inmerecida gracia de Dios.

Si tienes por costumbre determinar tu valor según tus logros, puede que necesites dejar a un lado por un tiempo aquello que haces para sentirte valiosa, a fin de descansar en la gracia de Dios que no cuesta nada. Sin embargo, ten cuidado de no abandonarlo todo y de ser descortés con tus colegas, maestros y compañeros en la iglesia. **Procede con cautela.**

Primero, habla con tus padres. Diles cuán presionada te sientes. Es probable que el simple hecho de conversar con ellos te ayude a aliviar la presión. Pide a Dios que dé sabiduría a tus padres para que te aconsejen y guíen.

Segundo, escucha el consejo de tus padres y de tus líderes de la iglesia. Pregúntales si consideran necesario que te retires por un tiempo o de manera permanente de una actividad para aprender a confiar en tu valor como hija de Dios.

Hazle frente a esto ahora mismo, porque no se irá solo, sino que crecerá contigo. Y cuanto más crezca, más pesada será esa carga para tu vida. Toma ahora mismo la decisión de abrazar la verdad de que como creyente en Cristo tú vales, no por algo que hagas, sino simplemente porque eres la niña de Dios redimida y amada por su gracia, ¡y por lo que Cristo ha hecho por ti!

VERDADES PARA EXTINGUIR MENTIRAS

La mentira

La verdad

Las chicas hermosas valen más.

- La belleza física es solo pasajera. Proverbios 31:30; 1 Pedro 3:3-5

- La belleza que más le interesa a Dios es la interior. 1 Timoteo 2:9-10

- Tu idea de belleza depende de la dirección en la cual mires. 1 Pedro 3:3-4

Tengo que ganar con logros el amor y la aceptación.

- Tu valor no depende de lo que haces, sino de la manera como Dios te ve. Efesios 1:4; Salmo 139:14; 1 Juan 4:9; Romanos 8:38-39

- Es una herejía creer que puedes hacer algo para merecer el amor y ser valiosa. Efesios 2:9; Romanos 11:6

- Tus buenas obras deben glorificar a Dios, no a ti misma. 1 Corintios 10:31; Santiago 2:12-18

Aplicación personal

Con frecuencia, el origen de nuestros hábitos pecaminosos más arraigados son mentiras que creemos acerca de nosotras mismas. ¡Si tan solo pudiéramos creer lo que Dios dice que somos! Toma de nuevo tu diario. Es hora de poner algo de verdad en tu corazón. Medita en estas preguntas a medida que escribes:

¿Qué mentiras he sido más propensa a creer acerca de mí misma?

¿Qué pasajes bíblicos puedo guardar en mi corazón para refutar esas mentiras con la verdad?

Brenda

ENTONCES... qué piensas de Raúl?!?!?!

Es muy sexy!!!! Pero, Brenda, ¡él no es cristiano! 😟

No es que vaya a casarme con él!

Pero no crees que deberías salir solo con chicos con quienes PODRÍAS casarte?

Mira, yo lo veo así... si siembras una semilla puede brotar una flor. Es esparcir la Palabra de Dios, ya sea que funcione o no.

Pero yo no creo que tengas que salir con Raúl para darle testimonio.

"Es sabio confiar en que
Dios suplirá los deseos
que Él mismo ha creado".

AMY CARMICHAEL (1867-1951),
MISIONERA EN LA INDIA

Mentiras
acerca de la sexualidad

ADVERTENCIA: **Acabas de empezar el capítulo más polémico y doloroso de este libro**. Queremos invitarte a hacer una pausa ahora mismo y a orar. Sí, lo decimos en serio. Pensamos que las mentiras que creen las chicas acerca de los chicos, la sexualidad y el sexo pueden ser las más poderosas y pueden exponer el corazón de las jóvenes a heridas muy profundas y duraderas.

La Palabra de Dios nos enseña que la relación matrimonial constituye una imagen terrenal de Cristo y de su amor por nosotros. Ese tema se entreteje a lo largo del Antiguo y del Nuevo Testamentos. Una de las principales razones por cuales Dios diseñó el matrimonio es presentarnos un cuadro de su entrega y su amor sacrificial por su pueblo. Esa es una de las razones por las cuales Él quiere que el matrimonio sea puro. Cuando el matrimonio o la relación sexual se corrompen, también se corrompe la imagen sagrada del amor de Dios. Si tu futuro matrimonio puede reflejar al mundo el amor y la gracia increíbles de Dios, ¿no es lógico que Satanás procure destruir esa imagen?

Detente ahora mismo y pídele a Dios que abra tus ojos y tu corazón a la verdad conforme lees el capítulo.

Está bien, vamos.

#9 { "Está bien salir con quien yo quiera". }

En su gran mayoría, las chicas con quienes hablamos estuvieron de acuerdo con que no deben *casarse* con un hombre que no es cristiano. Al mismo tiempo, muchas de ellas no se sienten muy convencidas respecto a *salir* con jóvenes no cristianos:

🍎 *De verdad quiero casarme con un cristiano. Lo que sucede es que en este momento no busco casarme, así que en realidad está bien salir con chicos que no siguen a Jesús.*

🍎 *En realidad no me parece importante que los chicos con quienes salgo sean cristianos o no. Apenas estamos en secundaria. No creo que la religión sea importante en este momento.*

🍎 *A veces es divertido salir y pasarla bien, flirtear y ese tipo de cosas, y no tomarlo tan en serio.*

En esto vamos a ser muy francas contigo. Este es un asunto muy serio que puede acarrear consecuencias mucho más graves y permanentes en tu vida personal y el reino de Cristo de lo que puedes imaginar.

La Biblia nos dice, de principio a fin, que la historia del matrimonio entre un hombre y una mujer constituye una imagen del amor de Cristo por su novia, la iglesia. Efesios 5:31-32 lo dice claramente:

> POR ESTO DEJARÁ EL HOMBRE A SU PADRE Y A SU MADRE, Y SE UNIRÁ A SU MUJER, Y LOS DOS SERÁN UNA SOLA CARNE. GRANDE ES ESTE MISTERIO; MAS YO DIGO ESTO RESPECTO DE CRISTO Y DE LA IGLESIA.

El matrimonio es imagen de una hermosa y poderosa verdad espiritual. ¿Entiendes ahora por qué Satanás desea mentirte acerca de su valor y su significado y engañarte para mancillar esta asombrosa imagen? Si quieres guardar el propósito y el designio de Dios para el matrimonio, y si quieres experimentar sus más grandes bendiciones para tu vida, no puedes permitirte salir con quien te *plazca*. Debes tomar la determinación de no involucrarte emocionalmente con nadie que no conozca ni ame a Jesús y que no esté plenamente comprometido a seguirle.

La Palabra de Dios habla con toda claridad que no debemos entrar en yugo desigual con los incrédulos (2 Corintios 6:14-18). El matrimonio es la unión suprema entre personas. Dios no quiere que te unas en matrimonio con un incrédulo, y el poder para vivir con esa convicción empieza ahora. Si en este momento transiges en esto, será mucho más probable que lo hagas cuando estés lista para casarte.

No te digas a ti misma: "Es solo una relación informal. Nunca me casaría con este chico". Tal vez no, pero si tú inviertes tiempo, esfuerzo e interés, y ocupas tu mente en un chico, tarde o temprano se creará un lazo emocional. Y cuando hay emociones de por medio, es muy probable que termines tomando decisiones cruciales para tu vida que nunca antes habrías contemplado. Esto sucede porque aunque los sentimientos no son hechos, son indudablemente poderosos.

Esta es un área que no admite concesiones. Satanás busca robarte un futuro lleno de gozo, paz y la oportunidad de glorificar a Dios con tu vida. No vale la pena que cambies todo eso por una relación con un chico que no tiene un corazón para Dios y tener a cambio un futuro lleno de sufrimiento y dolor.

Durante años, muchas mujeres han abierto su corazón para contarnos sus profundos pesares por las decisiones que tomaron en lo que respecta a citas amorosas, noviazgo y matrimonio. Darían lo que fuera por poder retroceder en el tiempo y revivir esa parte de sus vidas. Por desdicha, eso es imposible. Cuando yo (Nancy) escucho a estas mujeres contar sus pesares, muchas veces pienso "¡desearía que todas las jovencitas pudieran oír esta historia antes de que sea demasiado tarde!".

A propósito de las citas amorosas… desde la primera publicación de este libro hemos visto que esta tendencia a dejarse llevar por los sentimientos incluye no solo relaciones románticas con *chicos* que no son cristianos sino también con *chicas*. Una de nuestras lectoras escribió hace poco para decir:

 Tengo trece años y soy cristiana. Hace mucho tiempo he creído que tal vez soy bisexual, y estoy saliendo con una chica… solo por el momento, no para siempre ni para casarme ni nada.

La revolución de género de hoy proclama: "Haz cualquier cosa que *sientas* que es bueno para ti". La libertad de experimentar con la bisexualidad y el lesbianismo no solo se considera correcto, sino una manera de expresar compasión y afirmación hacia aquellos que luchan con la confusión de género o la atracción hacia personas del mismo sexo. A fin de comprender mejor por qué nuestros sentimientos no pueden regir nuestras relaciones amorosas, volvamos a los fundamentos. El diseño del sexo empieza con el significado de hombre y mujer. El capítulo introductorio de la Palabra de Dios lo deja claro:

>> **Entonces dijo Dios: Hagamos al hombre a nuestra imagen, conforme a nuestra semejanza… Y creó Dios al hombre a su imagen, a imagen de Dios lo creó; varón y hembra los creó** (Génesis 1:26-27).

Dios creó a la humanidad a su imagen. Y creó dos sexos biológicos distintos: varón y hembra, para reflejar en ellos algo acerca de sí mismo. ¿Qué quería reflejar? Bueno, tal vez en este lado de la eternidad nunca logremos entender por completo por qué Dios creó dos sexos biológicos, pero podemos empezar por entender que Dios es un ser que se relaciona. Esto se ve claramente en la Trinidad. Dios Padre, Dios Hijo y Dios Espíritu Santo son personas distintas y al mismo tiempo son un Dios, uno solo en esencia. Un hombre y una mujer, también dos seres distintos, cuando se unen en matrimonio también demuestran una unidad similar.

En el relato de Génesis, ¿qué sucede en el instante en que el primer hombre y la primera mujer se conocen? Se casan. Allí mismo en el huerto de Edén. Génesis nos dice:

> POR TANTO, DEJARÁ EL HOMBRE A SU
> PADRE Y A SU MADRE, Y SE UNIRÁ A SU
> MUJER, Y SERÁN UNA SOLA CARNE (2:24).

El hombre y la mujer son dos seres distintos e independientes, pero cuando se unen en el pacto matrimonial se vuelven uno.

Lo que Dios busca con el matrimonio es demostrar la hermosa unidad de Dios Padre, Dios Hijo y Dios Espíritu Santo como uno solo.

Todo eso está muy bien, pero incluso alguien que sabe esto puede sentirse tentado a desear intensamente una relación que no es saludable ni sabia, o que no refleja la unión de Dios. Así que debemos mantener siempre en mente lo siguiente: *los sentimientos no son hechos*. Nuestros sentimientos pueden variar de manera descontrolada y muchas veces están asociadas con circunstancias cambiantes más que con la realidad. De hecho, la Biblia revela que el corazón (y por ende nuestros sentimientos), aparte de la gracia y del Espíritu Santo que mora en nosotros, es engañoso y perverso (Jeremías 17:9).

LOS SENTIMIENTOS no son HECHOS

Lo más importante acerca de tu sexualidad no es cómo te sientes sino lo que Dios dice que es verdad. (¡Esta frase valdría repetirla cada día para ti misma!) Como mujer, eres portadora de la imagen de Dios. Y tu sexualidad y tu futuro matrimonio (si es el plan de Dios para ti) tienen como finalidad ayudarte a ser portadora de la imagen de Dios y de su amor redentor a nuestro mundo pecaminoso y fracturado. Por otro lado, seguir su plan siempre será la opción más segura, saludable y satisfactoria para tu corazón en el largo plazo.

Queremos ahorrarte el tipo de sufrimiento que muchas mujeres jóvenes y mayores han experimentado. Queremos que disfrutes las mejores bendiciones de Dios por el resto de tu vida. Así que vamos a lanzarte un desafío. Queremos exhortarte a que hagas un compromiso muy serio. (Puede ser que te consideres demasiado joven para pensar siquiera en citas amorosas, ¡mucho menos en matrimonio! Con todo, *ahora* es el momento para desarrollar convicciones sabias y piadosas). He aquí el desafío:

COMPROMISO SENTIMENTAL DE QUIENES BUSCAN LA VERDAD

Si es la voluntad del Señor que yo me case un día, quiero honrar a Dios por medio de un matrimonio que sea una imagen de Cristo y de su novia, la iglesia. Protegeré ese designio divino involucrándome únicamente con un hombre que conoce, ama y sigue a Jesús.

Puede parecerte que esta norma es demasiado elevada para "relaciones casuales". Aun así, piensa en esto: Si nunca sales con un chico que no está calificado para ser un esposo piadoso, las posibilidades de deshonrar al Señor o de terminar en un mal matrimonio se reducen al mínimo. ¡Estamos seguras de que este es un compromiso del que nunca te arrepentirás!

#10 { "Necesito tener un novio". }

Un día, yo (Nancy) discutía acerca de este libro con una joven amiga que ama al Señor y que participa de manera activa en el ministerio. Cuando llegamos al tema de los chicos, de inmediato reconoció que ha luchado con esta mentira. Ella dijo: "*¡Sí!* Nuestro impulso por atraer la atención masculina es un problema *enorme* para nosotras. ¡Estamos muy predispuestas a creer que no valemos a menos que logremos la atención y la aceptación de los chicos!".

Más de dos tercios de las participantes de nuestros grupos de enfoque reconocieron que "se han sentido mejor respecto a sus vidas cuando tienen un novio". Esta mentira logró calar por igual en la mente de las jovencitas que estudian en escuelas seculares y cristianas, y las que se educan en el hogar. Tampoco parece haber existido correlación alguna en el hecho de que una chica hubiera tenido o no un novio anteriormente. La conclusión es que muchas de ustedes creen que necesitan un chico en su vida.

🍎 *No es que en realidad tenga que tener un novio, pero me gusta asegurarme de que le agrado a alguien.*

🍎 *Como cristiana, es realmente difícil tratar de permanecer firme en la escuela a la espera del joven indicado. Como todas tienen novio, hay mucha presión para tener uno.*

🍎 *Me sentiría mucho mejor ahora si tuviera un novio.*

Después de ver estos resultados, yo (Dannah) me preocupé tanto que traté de definir mejor el problema y ofrecer una solución. Mi investigación me llevó de vuelta al Génesis para descubrir lo que he denominado "las ansias".

Las ansias son parte de la maldición. Se remontan a lo que sucedió con Eva y la primera mentira… y el primer pecado… en el huerto de Edén. Después que ella y Adán pecaron, Dios apareció para explicar que las cosas nunca volverían a ser iguales. Él les dio a conocer las nuevas condiciones de vida desde que el pecado había entrado al mundo. A Eva dijo:

> TU DESEO SERÁ PARA TU MARIDO, Y ÉL SE ENSEÑOREARÁ DE TI
>
> (GÉNESIS 3:16).

La palabra **DESEO** es clave en este versículo. También es un término polémico. Según algunos teólogos, quiere decir que Eva tenía un deseo obsesivo por su esposo. Otros dicen que significa que ella tendría un deseo de controlar a su esposo. El pecado nos ha afectado indudablemente en ambas direcciones: un deseo de resistir el liderazgo de un esposo y un deseo malsano o una obsesión por un hombre. Cabe afirmar que como resultado del pecado la relación saludable y pura de Eva con su esposo quedó tergiversada y se volvió malsana.

De hecho, puede ser que las dos interpretaciones no disten mucho la una de la otra. Es claro que muchas mujeres pasan gran parte de su vida joven (e incluso de su vida adulta) obsesionadas por conseguir un hombre. La palabra hebrea original en Génesis 3:16 que traduce deseo viene de una raíz que significa "perseguir" o "correr tras algo o alguien".[1] Cuando veo jovencitas luchando con esas ansias de tener novio, pienso que también tienen un profundo deseo de tener el control. Es decir, ¡el deseo de tener novio se convierte en el deseo de controlarlo!

Estas son algunas situaciones en las que he observado esta progresión:

Una mujer a quien conocí este mes en una universidad cristiana me preguntó: "Mi novio todavía no me ha dicho que me ama. ¿Está bien si yo se lo digo primero?".

Una chica a quien aconsejé durante un tiempo me dijo que estaba pasado de moda esperar a que un chico te invite a salir, de modo que ella tomó la iniciativa.

Otra chica a quien aconsejé tenía realmente buenas intenciones al liderar siempre los estudios bíblicos con su novio. Ella era la que preguntaba siempre si podían orar al final de una de sus citas. Sin embargo, lo que ella me preguntó fue: "¿Por qué no me invita él nunca a que leamos la Biblia? ¿Por qué no me pregunta si podemos orar?". Ella no podía darse cuenta de que era ella la que no se lo permitía no dejándolo tomar la iniciativa.

A simple vista, puede parecer que estas mujeres tienen ansias "normales" de tener un novio. Pero si observas de cerca, bajo ese deseo están las ansias de tener el control y de asumir el liderazgo de la relación. Si planeas un día vivir un matrimonio en el cual el esposo lidera con amor y sacrificio a la esposa, como Dios lo ha establecido, ¡debes empezar desde ahora a contentarte y dejar que el hombre lleve el liderazgo!

Las ansias son peligrosas. Pueden empezar en la secundaria como un encaprichamiento con los chicos, para luego convertirse en algo más serio que acapara tu vida y la sobrecarga. La respuesta no es negar ese deseo, sino entenderlo y redirigirlo.

A lo largo de los años he meditado mucho en un versículo de Proverbios que en mi opinión habla de esto:

DE TODO HOMBRE SE ESPERA LEALTAD. MÁS VALE SER POBRE QUE MENTIROSO (19:22, NVI).

Este versículo reconoce que las personas anhelan un amor verdadero (leal, inquebrantable). Y este deseo no es algo que deberíamos temer reconocer. Es mejor ser un pobre enamorado que negar la necesidad de amor. Pero ¿sabes qué? El amor que buscas no viene de un hombre. Solo hay una fuente de amor inquebrantable: Dios.

Si el matrimonio es una imagen de nuestra relación con Cristo, debes conocer el amor de Cristo para poder dibujarla. Persigue y corre tras el amor de Dios con todas tus fuerzas, no el de los hombres.

Por eso yo prefiero llamar este fuerte deseo por los chicos "las ansias", en lugar de referirme a él como delirio por los chicos. Este se considera inofensivo y "normal" (también es "normal" mentir, la rivalidad entre hermanos o desobedecer). Sin embargo, todas esas cosas "normales" pueden reconocerse como dañinas y pecaminosas. Al replantear el lenguaje para referirnos a nuestras ansias por tener novio, espero ayudarte a ver que puede ser algo tanto dañino como pecaminoso. Es decir, cuando ponemos a un hombre en un pedestal de ansias que pertenecen solo a Dios y a su amor, hemos creado un ídolo en nuestro corazón, ¿no es así?

¡Ningún hombre ha sido jamás la fuente de amor infalible! Deja entonces de tratar de tener todo bajo control y de mantenerte aferrada a un chico. Antes bien, invierte tu energía persiguiendo la verdadera fuente de satisfacción. Si buscas primero una relación de amor con Jesús, no solo Él satisfará tus ansias más profundas de amor, sino que un día a Dios puede agradarle darte un esposo que sea para ti una imagen de su amor poderoso e infalible.

Recuerda, Dios antes que el matrimonio, Dios designó primero una relación de amor entre Él y nosotros, una relación que queda retratada en el matrimonio. Es imposible retratar algo que no se ha visto. Dedica tu tiempo a cultivar una relación de amor con Dios y permítele guiarte para determinar si su plan es que tú reflejes esa relación por medio del matrimonio.

Cuando buscas que una relación con un chico satisfaga tus anhelos más profundos, te arriesgas a una vida de desilusión, la cual puede encaminarte al desastre. Esto le sucedió a Samantha. Ella era una gran creyente, líder en su iglesia y en su comunidad, hasta que cayó en la mentira de que necesitaba tener un novio.

 Nunca planeé terminar aquí. Solo quería tener un novio. El que conseguí me parecía maravilloso. Él dijo que quería ser puro y que también deseaba servir conmigo en la iglesia. Pronto me di cuenta de que tenía algunas luchas que me asustaron, como las drogas, pero yo me sentía muy segura de poder ayudarle a superarlas. Lo cierto es que yo no estaba dispuesta a permitir que algo interfiriera en mi deseo de tener novio. Al poco tiempo, yo también fui arrastrada a lo mismo.

Cuando menos lo pensé, ya estaba en mi último año de secundaria y estaba embarazada. Supongo que en ese momento empecé a creer que todo estaría bien si tan solo nos casábamos. Amábamos a Dios. Así que nos casamos la semana de mi graduación con mi vientre bien redondo. Bueno, eso funcionó un par de años, y luego se fue. De modo que ahora tengo diecinueve años y tengo esta chiquilla a quien amo... solo que la vida es... bueno, dura. Desearía retroceder a cuando tenía quince años y decirme a mí misma "no necesitas tener un novio". Es algo que no me trajo felicidad duradera.

El Cantar de los Cantares es el libro más romántico de la Biblia. Describe una relación amorosa entre el rey Salomón y su novia. En esta poderosa historia de amor, se insta tres veces a las jóvenes: "no despertéis ni hagáis velar al amor, hasta que quiera" (2:7; 3:5; 8:4). ¿Y eso qué quiere decir?

La Biblia de estudio de MacArthur explica lo que significa que la novia de Salomón no despierte "al amor, hasta que quiera":

> [Ella] sabe que la intensidad de su amor hacia Salomón no puede todavía consumarse antes de la boda, de modo que invita a [sus amigas] a pedirle cuentas de la pureza sexual. Hasta ese momento, el deseo creciente de la sulamita por Salomón se ha expresado de maneras veladas y delicadas en comparación con las expresiones abiertas y explícitas que siguen, y que serían totalmente apropiadas para una pareja casada.[2]

Esta novia siente un amor y unos deseos intensos por el hombre con quien va a casarse. Esos deseos no tienen nada de malo. ¡Dios los creó! Sin embargo, ella sabe que la única forma adecuada o plena para expresarlos o satisfacerlos es *después* de que ella y este hombre estén unidos en un pacto matrimonial. Así que ella decide no despertarlos, no alimentarlos hasta el momento en que puedan ser satisfechos de manera legítima.

DIOS NO QUIERE QUE "DESPIERTES EL AMOR" HASTA QUE LLEGUE SU TIEMPO.

Dios tiene buenas razones para ordenar que no despertemos al amor antes de tiempo. Tener novio desde muy joven lleva con frecuencia a cometer pecado sexual. Las investigaciones revelan que las chicas que tienen novios desde séptimo grado son las más propensas a tener una vida sexual activa en sus años de secundaria. Además, estar en una relación con un joven durante seis meses o más, constituye uno de los cinco factores principales que lleva al despertar sexual temprano en adolescentes.[3] A medida que aumenta el apego sentimental en una relación, será más difícil para ti mantenerte fiel a tus normas de pureza.

Entonces ¿cuál es el momento adecuado para despertar el amor? Es apropiado "despertar" el amor en el momento de tu vida en que estás lista para empezar a pensar en casarte, y cuando Dios ha traído a tu vida un hombre que está listo para comprometerse contigo como esposo para toda la vida. Tus padres y otros amigos y líderes temerosos de Dios podrán ayudarte a confirmar que es el "hombre correcto".

Cuando has llegado al altar y has dicho "acepto" al hombre que Dios ha escogido para ser tu esposo, *entonces* es el momento de dejar que el amor *se despierte por completo* y de disfrutarlo en total libertad y con pasión, ¡para la gloria de Dios!

Nos entristece mucho ver chicas adolescentes que gastan su tiempo asumiendo la clase de vínculos y responsabilidades que son propios del matrimonio, apenas en décimo grado. En lugar de eso, podrían estar cultivando su relación con Cristo. Mia tomó una decisión drástica para cambiar una situación de este tipo. Ella tomó la determinación de empezar a usar el tiempo que gastaba en perseguir a los chicos para conocer a Dios:

🍎 *En décimo grado estaba obsesionada con los chicos. Mis padres estaban preocupados. No tenía citas como tales con chicos, pero sentía un deseo insaciable por tener un novio. Mi mamá me ayudó a idear algo realmente interesante. Durante un año de mi vida (mi penúltimo año de secundaria), me concentraría por completo en mi relación con Dios. Además de mi devocionario de todos los días, pasaría una noche de fin de semana a solas "con" Él. Mi corazón se enfocó solo en Él. Al cabo de dos meses pensaba "¿chicos? ¿quién piensa en chicos?". Ese fue uno de mis mejores años de secundaria.*

#11 { "En realidad no es sexo". }

🍎 *En realidad mi novio y yo vivimos en pureza. Así que tratamos de hablar del tema en diversos lugares y ocasiones. Decimos a otros que pueden hacer lo mismo que nosotros: solo tener sexo oral.*

🍎 *Era un amigo nada más, pero cuando menos lo pensé nos enviábamos mensajes de texto con insinuaciones sexuales. Nos volvimos algo así como amigos electrónicos con beneficios, pero nunca tuvimos sexo de verdad.*

Para ser sincera, no hay un solo chico de mi grupo juvenil a quien yo no haya besado o tocado de alguna forma. Algunos de ellos fueron más lejos que otros, pero tengo una línea que no cruzaría. Nunca he tenido sexo.

¡AY! Puede que esos comentarios expresen lo que la mayoría de las chicas piensan. Pero no reflejan la manera como Dios piensa. Y nada que esté por debajo de su manera de pensar te traerá gozo y satisfacción en el largo plazo. Efesios 5:3 define la norma divina de pureza: "Pero fornicación y toda inmundicia, o avaricia, ni aun se nombre entre vosotros, como conviene a santos". Esto sin duda incluye tener relaciones sexuales. Sin embargo, el pecado sexual que aquí se prohíbe abarca mucho más, pues ni siquiera debería permitirse una insinuación de sexo fuera del lecho matrimonial. No hace falta que tengas contacto físico con un chico para "insinuar" pecado sexual. Jesús amplió la definición de pecado sexual que incluye mirar a alguien con lujuria (Mateo 5:28).

UNA "INSINUACIÓN" sexual es vestirte con una camiseta que deja ver tu escote.

UNA "INSINUACIÓN" sexual es publicar una foto ligeramente pornográfica en tu perfil de redes sociales.

UNA "INSINUACIÓN" sexual es enviar mensajes de texto para coquetear con alguien.

UNA "INSINUACIÓN" sexual es mirar imágenes pornográficas moderadas en línea.

UNA "INSINUACIÓN" sexual es exponerte a canciones, películas y espectáculos televisivos que usan humor y lenguaje de contenido sexual. (El versículo siguiente dice precisamente: "ni palabras deshonestas, ni necedades, ni truhanerías, que no convienen", Efesios 5:4).

Para Jesús, estas áreas de impureza mental y visual cuentan. Minan tu virtud y muchas veces tu reputación.

Hace poco, me invitaron (Dannah) a una escuela secundaria cristiana para reunirme con una clase entera de chicas a quienes descubrieron enviando mensajes de contenido sexual. Habían estado *enviándose*, como broma, fotos de ellas semidesnudas y algunas completamente desnudas. Fotos en la ducha. Fotos en el baño. Selfies en el vestidor. No eran fotos abiertamente sexuales, solo niñas tontas haciendo "tonterías". Eso fue lo que le dijeron al agente de la policía que fue a la escuela para decirles que un depredador sexual las había pirateado. Aquí es donde se complican las cosas. Muchas

¿SIMPLE
CUESTIÓN DE MODA?

Minifaldas. Camisolas con escote. Camisetas ajustadas. Quizá te parezca tentador creer que está bien vestirse según las tendencias actuales de la moda. ¿Será que sí?

Chicas, cuando amamos a Dios deseamos agradarle en cada área de nuestra vida, y eso incluye nuestra forma de vestir. Su Palabra dice claramente que Él quiere que nos vistamos y actuemos con decencia y pudor (1 Timoteo 2:9).

Hace poco mi esposo (habla Nancy) y yo hablábamos acerca de cuánto nos entristece ver en las redes sociales fotos insinuantes y exhibicionistas de jóvenes hermosas a quienes conocemos y amamos. Suponemos que ellas creen que se ven lindas y modernas. Pero nos preguntábamos si ellas tenían idea del mensaje que comunicaban con eso (algo similar a la mujer insensata de Proverbios 7:10), y cuán bombardeados se sienten sus hermanos cristianos por esas fotos que exageran el atractivo físico de las mujeres.

A estos jóvenes les resulta muy difícil mantener su mente pura. ¡No queremos contribuir a que sea peor! (Romanos 14:13).

Asimismo, estamos llamadas a reservar los tesoros más íntimos de nuestra belleza para un solo hombre (Proverbios 5:18-19), y no compartirlos con cuanto joven aparece. Recordemos todo esto en el momento de decidir cómo vestirnos y qué fotos tomar y publicar.

fotos eran técnicamente pornografía infantil y el estado no tenía una restricción por edad para emitir cargos. Así que la única manera de poder catalogar legalmente a las jovencitas era como traficantes de pornografía infantil, lo cual tuvieron que hacer para poder llevar al depredador a la justicia. ¡Ay!

Dios no quiere que te involucres en mensajes de contenido sexual, ya sea fotos tontas para las amigas o fotos sexuales con fines románticos, porque Él quiere proteger tu cuerpo, tu mente, tu corazón y tu reputación.

Con todo, el pecado sexual de la mente y de los ojos no es la única área de lucha de las jóvenes cristianas. Nuestro corazón se duele al oír las prácticas de algunas jóvenes que van desde caricias sexuales hasta masturbación obsesiva y sexo oral, convencidas de que dichos actos no son pecado sexual.

Sí lo son.

Aunque la norma de pureza que Dios ha establecido es elevada, las recompensas bien valen el precio del autocontrol. El mundo tratará de decirte que te estás perdiendo la "gran diversión". Eso no es cierto. Como ves, Dios sabe que somos propensas a cuestionar el valor y la necesidad de las normas. Nos preguntamos: *¿Para qué sirve esa norma? ¿Cómo puede ser* *buena?* (Igual que Eva puso en duda los límites que Dios impuso en cuanto al árbol del conocimiento del bien y del mal). La respuesta es que todas sus normas existen para que "nos vaya bien" (Deuteronomio 6:24). A la luz de este concepto, los límites divinos para la sexualidad existen, en parte, con el fin de hacer que este regalo sea más espectacular. ¿Será verdad?

Las ciencias sociales lo confirman. En uno de los estudios más liberales acerca de la vida sexual de los estadounidenses,[4] se descubrió que quienes no tenían actividad sexual previa al matrimonio reportaban una mayor satisfacción sexual. El estudio llegó incluso a declarar que las personas con una vida "religiosa" activa se hallaban entre las más satisfechas. Dios no quiere negarte algo, sino que esperes para que puedas disfrutar la mayor satisfacción sexual posible en una relación de pacto matrimonial, si el matrimonio es su voluntad para tu vida un día.

Hemos conocido a muchas mujeres que anhelan profundamente haber estado dispuestas a esperar el tiempo de Dios para la intimidad física. En muchos casos han sufrido consecuencias dolorosas por no hacerlo. También hemos conocido a algunas mujeres que tomaron la valiente decisión de esperar.

Stephanie Canfield disfruta ahora los beneficios de esa decisión:

 Cuando estaba en la secundaria hice un compromiso con Dios, con mis padres y conmigo misma de permanecer pura sexualmente hasta el matrimonio. Hice una lista de cualidades que quería en mi futuro esposo. Con el paso del tiempo llegué a creer que había establecido expectativas demasiado elevadas. No conocía ningún chico que tuviera principios iguales a los míos. ¡Algunas de mis amigas me decían que ese hombre no existía!

En mi último año de secundaria casi había renunciado a mi sueño de encontrarlo. Empecé a creer que sería imposible, y me apresuré antes del tiempo de Dios para ceder a la presión de entablar con alguien una relación (contra el consejo de mis padres). En poco tiempo experimenté las consecuencias en mi relación con Dios, con mis amigos y con mis padres. Dios trajo convicción a mi corazón y yo volví a entregarle por completo mi futuro.

Al fin, Dios tenía a alguien que había guardado para mí, y en su tiempo perfecto lo trajo a mi vida. Descubrí que el camino de la pureza es mucho mejor, aunque exige paciencia y estar dispuesta a ir en contra de la corriente. El resultado merece cualquier sacrificio y permite disfrutar mucho más el matrimonio.

Jeremías, el esposo de Stephanie, opina lo mismo:

Cuando era más joven, le dije a Dios que yo guardaría en un cofre todas mis emociones y deseos por ganar el corazón de una chica, y que solo Él podría abrirlo.

Le dije que mi deseo era que Él abriera el cofre de mi corazón solo cuando llegara el momento adecuado. Fue una gran dicha y emoción darle todo a Stephanie. No lamento en absoluto haberme abstenido de "buscar citas amorosas". No sufrí heridas de relaciones pasadas que tuviera que confesarle a mi esposa. Me guardé solo para ella.

Ahora tengo el resto de mi vida para entregarle todo mi amor a una mujer que es dueña de mi corazón y de todos mis afectos.

¿No te gustaría que algún día un hombre dijera algo así respecto a ti? Cuando esperas al hombre correcto y ambos siguen el plan de Dios para su relación, ¡tendrán todo el gozo de la bendición de Dios en su matrimonio!

#12 { "No soporto la soledad que acarrea guardar mi pureza". }

Uno de nuestros momentos más tristes en los grupos de enfoque fue cuando una joven de una *escuela cristiana* confesó la gran soledad que muchas de ustedes experimentan cuando se proponen vivir en pureza. Ella dijo:

Creo que en mi escuela lo normal es tener sexo. Todos han tenido sexo o están a punto de tenerlo. Esa es una gran lucha para mí. Me pregunto si lograré esperar. Para mí es una cuestión de tiempo. Esta espera es difícil para mí.

ELLA NO ERA LA ÚNICA.

Mientras la gran mayoría de jóvenes encuestadas no estaba de acuerdo con la declaración "siento que soy la única que no tiene sexo", una abrumadora mayoría reconoció que todavía se sentían solas. Ellas conocían las estadísticas. Sabían que *la mayoría de jóvenes cristianas son vírgenes* (según las estadísticas más del 60% lo son[5]). Sin embargo, ese conocimiento intelectual no parece cambiar la manera como muchas de

ustedes *se sienten*. Como resultado, experimentan soledad que es un aspecto muy real de la pureza. Creemos que vivir en esa soledad te hace susceptible a creer la mentira de que no serás capaz de soportarlo. Y esa mentira te puede llevar a transigir.

Yo (Dannah) sé bien que la *peor* soledad viene como resultado de transigir. Cuando tenía quince años asistía a una secundaria cristiana. Era activa en mi grupo juvenil e incluso me destacaba como líder y ayudaba a enseñar a los niños de 3 y 4 años en la escuela dominical.

Cuando tenía quince años, tomé un curso de misiones en el verano para comunicar el evangelio en barrios pobres. Cabe aclarar que aunque yo amaba de corazón al Señor, creí algunas mentiras tenaces que me desviaron del camino que Dios tenía para mí.

Yo tenía una relación amorosa con un joven cristiano, pero había una gran presión hacia lo sexual. Claro, no para tener "sexo", sino una incitación hacia lo sexual. Y con cada acto pecaminoso que cometíamos en lo oculto me convencía a mí misma de que "no era sexo realmente". Yo estaba *convencida* de que eso no podía pasarme a mí. Después de todo, era una chica cristiana que creía en la pureza.

La presión aumentó y las cosas se intensificaron. Yo sabía que tenía que terminar con ese joven, pero no lograba hacerlo. Se filtró la mentira "no soporto

LAS 10 MEJORES ESTRATEGIAS
PARA ACABAR CON EL AFÁN POR TENER **NOVIO**

10 Ir a un viaje misionero.

9 Leer *Pureza y pasión* y de Elisabeth Elliot.

8 Empezar a escribir un diario a tu futuro esposo.

7 Hacer una lista de las cualidades de tu futuro esposo.

6 Hablar del tema con un consejero.

5 Hacer ejercicio o practicar algún deporte.

4 Pasar tiempo con el "hombre de tu vida", ¡tu papá!

3 Salir con amigas que no andan a la cacería de un novio.

2 Hacer una lista de excelentes películas y libros que no alimentan pensamientos impuros o románticos.

1 Escribir cartas de amor a Dios.

la soledad que acarrea guardar mi pureza", y así fue como hice lo que creía impensable. Entregué el regalo que Dios había planeado que yo entregara a mi esposo en mi noche de bodas.

No puedes imaginar la soledad que empecé a experimentar en mi vida. Renuncié a todos los cargos ministeriales que tanto amaba. Mi tiempo libre dio lugar a un silencio que agravó la soledad que sentía. Por un tiempo seguí con esa relación, pero se creó un gran abismo entre los dos. El acto físico que nos hubiera unido dentro de la relación matrimonial, se convirtió en un muro entre nosotros.

Al final rompí con ese joven, pero pensaba que no podía hablar acerca de lo sucedido con nadie, que nadie podía escuchar lo que yo había hecho. Me parecía que todas las personas de la iglesia eran tan perfectas que ni siquiera podrían imaginar la seriedad del pecado que yo había cometido. Durante diez años no se lo conté a nadie.

SÉ LO QUE ES VIVIR EN SOLEDAD. PUEDE QUE TÚ TAMBIÉN.

Me alegra decir que por la gracia de Dios confesé todo mi pecado y en su tiempo el Señor por su gracia sanó mi corazón. Me dio un esposo cristiano maravilloso que era virgen en nuestra noche de bodas, y que me extendió su perdón. Más que eso, me prodigó su perdón, al igual que mi Salvador. Y hoy Dios me usa para animar a jóvenes como tú para que elijan el camino de la pureza. (Nuestro Dios es muy misericordioso y creativo en su restauración de nuestros corazones rotos). Si has experimentado esta soledad, quiero que veas la sanidad en mi vida y sepas que Dios también quiere sanarte a ti.

 Sí, el compromiso a la pureza supone el reto de guardar tu corazón hasta el momento propicio para "despertar" el amor. Sí, a veces duele, pero es infinitamente mejor sentir el dolor de la negación de sí misma que el de la autodestrucción.

C. S. Lewis, un famoso escritor cristiano del siglo XX, perdió a su esposa debido a un cáncer. La película *Shadowlands* presenta su vida y muestra la aflicción que Lewis experimentó a raíz de la enfermedad de su esposa. Al reflexionar él y su esposa en el gozo que habían experimentado juntos, y al llegar a aceptar su muerte inminente, Lewis dijo: "El dolor que siento ahora es en parte la felicidad de antes".[6] Eso es cierto. El dolor que ahora experimentas en la espera, será la dicha que sentirás después. Hará que tu matrimonio sea más precioso y hermoso, si ese es el plan de Dios para tu vida.

Sabemos bien que esperar puede ser una experiencia solitaria. No negamos que hay días en que desearías que alguien te diera flores, te abrazara o te acompañara. Lo que decimos es que la recompensa futura de la unidad que gozarás en el largo plazo con el esposo que Dios elija para ti superará con creces la soledad que sientes ahora. La medida en la que proteges la pureza de tu futuro matrimonio determina en gran parte la medida en la que experimentarás intimidad verdadera cuando te cases. Génesis 2:24 promete que serás "una carne" con tu esposo, si es el plan de Dios para ti que un día te cases. Aférrate a esa promesa. La unidad bien valdrá tu determinación.

SABEMOS BIEN QUE LA ESPERA PUEDE SER UNA EXPERIENCIA SOLITARIA.

Yo (Nancy) quiero añadir un comentario para aquellas que luchan con la inquietud: *¿Qué pasa si Dios nunca me da un esposo?* He conocido a muchas mujeres solteras a quienes les aterra la idea de no llegar a casarse nunca. Algunas sienten que esa es una condena perpetua a vivir en confinamiento solitario. Creo que el matrimonio es un don maravilloso y que el plan de Dios para la mayoría es la vida matrimonial. Sin embargo, puesto que fui soltera hasta finales de mis cincuenta (cuando Dios me sorprendió por completo al traer a mi vida un esposo maravilloso), puedo asegurarte que si el plan de Dios es que tú te quedes soltera más tiempo de lo esperado, e incluso para siempre, tu vida puede ser tan llena de propósito y tan bendecida como la de cualquier mujer casada. Sí, habrá desafíos (como los que enfrenta toda mujer casada), pero Él realmente te dará la gracia de cada día para enfrentar cualquier cosa.

EL HECHO ES QUE la soledad es una realidad ineludible en un mundo caído y resquebrajado, seas casada o soltera. No obstante, si aplicas tu corazón para buscar a Dios y su voluntad por encima de todo y de todos, podemos asegurarte que nunca estarás realmente sola ni te faltará el gozo verdadero.

VERDADES PARA EXTINGUIR MENTIRAS

La mentira	La verdad
Está bien salir con quien yo quiera.	• Dios no quiere que te "unas" con incrédulos. 2 Corintios 6:14
	• Tus decisiones acerca de con quién involucrarte emocionalmente tienen repercusiones serias para tu futuro. Job 4:8
	• El matrimonio está diseñado para ser una imagen de la unidad de Dios. Efesios 5:31
Necesito tener un novio.	• El propósito del matrimonio no es simplemente hacerte feliz, sino glorificar a Dios. Efesios 5:31-32
	• Dios no quiere que despiertes el amor hasta que llegue el tiempo. Cantar de los Cantares 2:7
En realidad no es sexo.	• Evita todo lo que "incite" al sexo. Efesios 5:3
	• Exponerte a canciones, espectáculos televisivos y películas que usan humor sexual "incitan" al pecado sexual. Efesios 5:4
	• La norma divina de pureza es alta, pero los resultados bien merecen el precio de la privación y el autocontrolarse. Filipenses 4:13
No soporto la soledad por guardar mi pureza.	• Abstinencia no es privarse de sexo, sino esperar a disfrutarlo de la manera correcta. Deuteronomio 6:24
	• La recompensa suprema de la unidad matrimonial compensa cualquier momento de soledad. Proverbios 3:5-6; Génesis 2:24

Aplicación personal

Tal vez no hay mentiras que acarreen sufrimientos y consecuencias tan permanentes como las que creemos acerca de los chicos y la sexualidad. No te encapriches con ellos. Dedica un tiempo a responder estas preguntas en tu diario:

¿Qué mentiras he creído con más facilidad acerca de la sexualidad?

¿Qué versículos puedo atesorar en mi corazón para refutar esas mentiras con la verdad?

El mejor líder de jóvenes

No tengo amigos!!!!!!!!!!

QUÉ? 😟

Estaría mucho menos ansiosa si tuviera amigos cercanos, porque así podría tener un confidente además de ti y de Shelly. Algo debe estar mal en mí. Si tuviera amigos en la escuela no estaría tan sola.

En Proverbios hay un versículo que dice: "el hombre de muchos amigos se arruina". Si nos obsesionamos con buscar amigos no siempre encontraremos el mejor consejo. ¿Tal vez deberíamos enfocarnos en Dios en lugar de buscar más "amigos"?

Tal vez...

Estoy seguro de que no eres la única que experimenta esa lucha. Hablemos más al respecto en la reunión de jóvenes de esta noche. Nos vemos a las 6!

P.D. Recuerda traer firmado el permiso para el campamento!

"Desear amigos es tarea fácil, pero la amistad es un fruto de maduración lenta".

ARISTÓTELES

Mentiras
acerca de las relaciones

Primera escena: Son las diez de la mañana del domingo. Sandra va de un lado a otro buscando personas para saludar antes de iniciar la reunión. Abraza a todo el mundo y sonríe. Corre hacia la puerta tan pronto ve a Clara, la esposa del pastor de jóvenes que prepara el retiro juvenil del fin de semana. La abraza y le dice lo "emocionada" que se siente y que está realmente preparada para un "encuentro con Dios". Le agradece su trabajo de planificación y corre a abrazar a otra alma necesitada. Sandra tiene un gran don espiritual de misericordia. Ella lo sabe y le encanta usarlo.

Segunda escena: Son las diez de la noche del domingo. Sandra se encuentra estacionada frente a su computadora portátil donde ha pasado la última hora. En este momento conversa en la Internet con John. Primero hablan de lo "falsa" que es Carina, y luego la conversación se torna un poco sexual. John dice que le gustaría quitarle a Sandra su virginidad, pero que no está muy seguro. Después de todo, ella es la hija del pastor. ¿Qué pensaría él? Sandra le dice que ese asunto no incumbe a su padre.

Díganme, ¿cuál es la verdadera Sandra?

No sé si te diste cuenta, pero parece que las relaciones son más complejas para las chicas que para los chicos. Si añadimos a esta ecuación la tecnología, encontramos una nueva versión de lo que significa ser una persona doble.

#13 { "Está bien ser alguien en casa y otra persona con otros, especialmente en la Internet". }

Un apabullante 84% de las jóvenes estuvieron de acuerdo con la afirmación: "Solo puedo ser yo misma con las personas que se parecen a mí, como los amigos de mi edad". Esto nos llamó la atención, y quisimos saber más. Las chicas con quienes hablamos reconocieron que su comportamiento era completamente diferente en casa y con sus amigos.

Ahora bien, en cierta medida este ha sido siempre el afán de las adolescentes. Eso no fue ningún descubrimiento. Sin embargo, cuando añadimos el tema de la tecnología todo se complicó. Parece que muchas de ustedes tienen una personalidad en casa y otra en la Internet. Bueno, al menos eso es cierto respecto a sus "amigos". Veamos…

🍎 *Conozco a muchas personas que se comportan de una manera cuando estás con ellas, y de otra completamente diferente en Snapchat. Creo que sienten la necesidad de ser algo que no son.*

🍎 *Esas inocentes chicas cristianas de iglesia publican sus fotografías que, sin ser explícitas, resultan provocadoras. Ellas creen que pueden ser una persona cara a cara y otra en la computadora.*

A medida que se dilataban las conversaciones, más empezaban las chicas a reconocer lo que hacían:

🍎 *Me asustaría que mamá viera mis mensajes de texto.*

🍎 *Cuando estaba en la secundaria, envié un correo electrónico a una chica para decirle que empezara a bañarse porque olía mal. ¡No puedo creer que yo haya hecho eso!*

Descubrimos que muchas chicas cristianas con quienes hablamos y que profesan ser cristianas eran proclives a chismorrear, usar palabras sucias y de mal gusto, hablar tranquilamente con chicos sobre temas como el sexo o la menstruación, ser mezquinas con chicas que no son sus compañeras de grupo y publicar o mirar fotografías de ligero contenido sexual cuando estaban conectadas a la Internet. (¡Aunque nunca se te ocurriría hacer eso en la casa o en la iglesia!) La Internet, o red global, te ofrece un espacio donde puedes ser alguien que no eres en persona.

Lo que nos dejó estupefactas al estudiar este fenómeno fue el hecho de que el 71% de las jóvenes en los mismos grupos de enfoque también manifestaron un profundo temor de ser consideradas como personas hipócritas. Dijeron que odiaban la hipocresía y no querían caer en esa categoría.

¡Al llegar a este punto es preciso consultar el diccionario! Un hipócrita es "una persona que actúa de manera contraria a las creencias que profesa". Veamos…

Si tú alegas que actúas y crees de una manera en la iglesia o en casa, pero tus Snapchats y tus mensajes de texto contradicen esas creencias, entonces eres exactamente la clase de persona que no quieres ser: ¡una hipócrita! Podemos volvernos expertas en guardar las apariencias. Sabemos cómo vernos y cómo actuar cuando estamos en la iglesia o tratamos de dar una buena impresión. Pero estamos llamadas a vivir una vida que soporte un examen cuidadoso continuo.

Si viéramos en este momento tus redes sociales, ¿reflejarían con exactitud lo que tú dices creer? ¿Y si pudiéramos ver todo lo que has enviado en Snapchat en las últimas veinticuatro horas? (Postdata: ¿eres consciente de que esas imágenes en realidad nunca desaparecen?) Si pudiéramos oír tus llamadas telefónicas, ¿estaríamos en capacidad de afirmar que eres una seguidora de Cristo? ¿Has hecho comentarios desagradables acerca de una amiga a sus espaldas?

Los fariseos de la época de Jesús tenían *apariencia* de santos. Pero Jesús dijo: "sois semejantes a sepulcros blanqueados, que por fuera, a la verdad, se muestran hermosos… pero por dentro estáis llenos de hipocresía e iniquidad" (Mateo 23:27-28).

Jesús aborrece la hipocresía. Aunque manifestó bondad y compasión a quienes fueron hallados en pecado, reprendió con toda dureza a los religiosos hipócritas de su tiempo.

Vivir en hipocresía puede acarrear

CINCO MANERAS
DE CULTIVAR UNA
FE AUTÉNTICA

1

Invita a la esposa de tu pastor de jóvenes a que te siga en Instagram.

2

Escribe al menos un mensaje diario de texto que sea una palabra de aliento y una bendición para un amigo.

3

Usa tu blog como un sitio para escribir peticiones y respuestas a la oración.

4

Pon tu versículo favorito como tu avatar de Instagram.

5

Crea un tablero de tus libros cristianos favoritos y empieza a publicar pines.

consecuencias desastrosas, como le ocurrió a Carissa, una joven de edad universitaria. Con inocencia empezó a conocer personas y a charlar en la Internet. Sin embargo, en poco tiempo empezó a sostener con ellas conversaciones intensas y de carácter sexual. Por si fuera poco, empezó a encontrarse en persona con hombres. Al final, estaba dispuesta a hacer con ellos lo que jamás hubiera imaginado pocos meses atrás.

Su madre describe a Carissa como una joven "dulce" y "obediente" hasta los diecinueve años, cuando empezaron sus problemas con la Internet. La familia intervino y Carissa parecía responder bien. Llegó a agradecerle a su madre por la "verdad que me enseñaste durante todos esos años".

Pero Carissa seguía atada. Su madre lloraba al relatar lo que había ocurrido en la vida de su hija últimamente:

 Carissa conoció a una mujer que era una completa extraña, y antes de terminar la tarde ya habían intercambiado números telefónicos. La mujer tomó la foto de Carissa con su número de celular y la envió por correo electrónico a un conocido suyo. Carissa y el joven empezaron de inmediato un intercambio de mensajes "calientes y pesados" que condujo a un encuentro personal para cenar y luego irse a la casa de él.

Carissa empezó con este joven una relación que, por decir lo menos, era indebida. Su vida dio un giro desastroso y se salió de control, empezando por su deseo de llevar una vida doble, una frente a los amigos de la iglesia y la familia y otra en la Internet.

Dios no quiere que seas una hipócrita, sino una joven firme. Él quiere que tengas una fe auténtica que se demuestra en cada aspecto de tu vida y de tus relaciones. Las Escrituras dicen: "Acercaos a Dios, y él se acercará a vosotros. Pecadores, limpiad las manos; y vosotros los de doble ánimo, purificad vuestros corazones" (Santiago 4:8). Según lo que dice Santiago 1:8, un hombre de doble ánimo es "inconstante en todos sus caminos". Si tú afirmas que sigues a Cristo y al mismo tiempo das lugar al mundo y a tu carne, tu vida entera será inconstante.

Al comienzo del capítulo les presentamos a Sandra (es una historia verídica). Sandra era a todas luces una joven inconstante, aunque odiaba serlo. Su restauración fue difícil y dolorosa. Sus padres descubrieron algunos de sus mensajes de texto y se dieron cuenta de que sostenía conversaciones de tono sexual con John. Ellos la privaron del acceso a Internet y confrontaron al joven y a sus padres, así como a su pastor de jóvenes. No fue agradable.

Sin embargo, el Señor usó el dolor para suavizar el corazón de ella, que buscó al capellán de su escuela cristiana para confesar y recibir ayuda espiritual. El capellán le enseñó lo que dice la Biblia acerca de la confesión de pecados, le hizo rendir cuentas y le ayudó a restaurar su devoción sincera a Cristo. Ahora vive como una cristiana verdadera que tiene un corazón íntegro para con Dios. El Señor la liberó de su hipocresía y de la destrucción que pudo haber causado estragos en su vida.

¿Necesitas que Dios haga lo mismo por ti? Si es así, que esta sea tu oración: *"Afirma mi corazón para que tema tu nombre"* (Salmo 86:11).

#14 { "Si tuviera amigos no estaría tan sola". }

Tal vez digas: "¡Pero es cierto! *No* tengo amigos". Tal vez no seas la chica más popular de la escuela, o no tengas una mejor amiga, o que incluso seas el blanco de las chicas malas de la clase. De hecho, podríamos asegurar que en alguna medida tienes problemas de amistad. Ese es uno de los dolores que todas las chicas experimentan al crecer. Por ejemplo, fíjate cuánto sufre una chica que ha sido despreciada por sus amigas. ¿Quién no se ha echado a llorar en la cama un día en que las amigas la han decepcionado?

🍎 *La semana pasada llegué a casa una noche y lloré cerca de una hora y media porque sentía que no tenía amigas en la escuela. Me parecía que todas las demás andaban en pareja con su mejor amiga y que yo andaba entre ellas como la rueda suelta que no hace más que estorbar. Siento que no puedo integrarme.*

🍎 *Todos los días estoy sola. Desde el año pasado mis dos mejores amigas dejaron de serlo. Ambas experimentaron el divorcio de sus padres en un lapso de seis meses, y todo se acabó. Una se fue de la escuela del todo y la otra se cambió de escuela. Nadie me invita a sentarme al lado ni nada.*

Mi amiga (de Dannah) Suzy Weibel, describe los altibajos que experimenta con sus amigas en su libro *Secret Diary Unlocked* [Revelación del diario secreto]. En él, presenta fragmentos de su diario personal cuando estaba en los grados séptimo y octavo. (Las chicas de secundaria con las que he hablado devoran el libro porque parece idéntico al diario *de ellas*). Echemos un vistazo al capítulo sobre las amigas. Estas son algunas anotaciones suyas:[1]

Diciembre 22: Beth me regaló un espejo de mano con un mensaje escrito que decía "Eres bellísima" (porque yo me la paso menospreciándome).

Enero 14: Yo no creo que el espejo que me regaló Beth (con su mensaje) me esté ayudando con mi complejo. Siempre se rompe cuando voy a patinar. Sé que no soy fea, pero hay algo en mí que desagrada a las personas...

Enero 31: De repente la mejor amiga de todas es Kim... de un día para otro se convierte en la chica de moda. Supongo que estoy muy celosa. Sé que lo estoy.

Marzo 7: No creo que yo le agrade a Kim. Ella no lo demuestra. En cambio, sí le agrada Ginny. Después de todo lo que hice por Cam en la clase de arte ayer, volvió a su actitud de "Sue, eres tan tonta".

Si estos pensamientos se asemejan a los que tenías en séptimo grado, bienvenida al club. Aunque en los últimos años de secundaria esos conflictos tienden a apaciguarse, la ansiedad por las amistades continúa en cierto grado.

Queremos dejar algo muy claro: Tus emociones en cuanto a las amigas son muy comunes y no son malas ni pecaminosas en sí mismas. El peligro está en permitir que nuestras acciones y decisiones sean controladas por nuestras emociones y no por la verdad de Dios. ¿Cuál es la verdad de Dios acerca de la amistad?

EN PRIMER LUGAR, Dios te creó para que lo conozcas y seas su amiga.

Puedes recordar que ya tratamos ese asunto en la Mentira #1 "Dios no es suficiente", donde comentamos que los amigos parecían ser el rival número uno de Dios en nuestro corazón. Blaise Pascal, el filósofo francés del siglo XVII, escribió que todos fuimos creados con un vacío en nuestro interior en forma de Dios. Desperdiciamos una proporción alarmante de nuestra vida tratando de llenar ese espacio vacío con otras cosas, pero en vano. ¡Es como tratar de llenar el océano usando un dedal!

> **TODOS FUIMOS CREADOS CON UN VACÍO EN NUESTRO INTERIOR EN FORMA DE DIOS.**
> BLAISE PASCAL

La Biblia dice que Abraham fue amigo de Dios (Santiago 2:23). Jesús dice que somos sus amigos cuando le conocemos y obedecemos su Palabra (Juan 15:14). Fuimos creadas para tener comunión con el Dios del universo. En los años de secundaria, muchas chicas tratan de llenar ese vacío con amigos. (De hecho, no es una lucha exclusiva de las adolescentes, sino de las mujeres de todas las edades). Sin embargo, los amigos nunca pueden satisfacer los anhelos y las necesidades más profundas de nuestro corazón. Solo Dios puede llenar ese vacío.

EN SEGUNDO LUGAR, no hay mejor amigo aparte de Dios.

Apuesto que te encantaría tener un amigo que:

> **nunca te deja** (Hebreos 13:5)

> **conoce cada detalle acerca de ti...** (Mateo 10:30)

> **... y aún así te ama** (Juan 3:16)

> **y sin importar lo difíciles que se pongan las cosas, nunca te separarán de ese amor** (Romanos 8:35)

> **desea vivir contigo para siempre** (2 Juan 2)

¡Eso sí es amistad verdadera! Entonces, ¿por qué gastamos tanta energía emocional buscando con desesperación tener amigos terrenales que nunca podrán alcanzar esta medida? Christie Friedrick es una joven que dice que su mejor amigo de adolescencia era —sin duda alguna— Dios. Con frecuencia, ella pasaba tiempo con el Señor en vez de salir con amigos. (Eso nos recuerda a una amiga con quien hablamos y que superó su afán por buscar chicos pasando tiempo con Dios). Ella aprendió desde muy joven a cultivar su amistad con Dios. Así como tenemos que pasar tiempo con una amiga para cultivar una relación cercana, debemos pasar tiempo con Dios. No es que Dios llegue a conocernos mejor, sino que nosotras empezamos a conocerlo a Él y a confiar en su amistad.

Cuando llenas ese agujero en tu interior —que está hecho a la medida de Dios— con el Único que es lo suficientemente grande para llenarlo, nunca verás de igual manera tus amistades. Los amigos que tienes ahora serán bendiciones adicionales, no una necesidad agobiante.

Hay algo más que quisiéramos precisar con respecto a la amistad. Gran parte de lo que las chicas reportaron en nuestra investigación fue... cómo decirlo... ¿podemos ser directas? Fue egoísta. Quizá debas cambiar tu modo de pensar respecto a tus amistades terrenales.

Tú estás llamada a ser una amiga de verdad. Si tu preocupación es encontrar a quién agradarle, no buscas una amistad verdadera. Si tu interés se centra en quién te invita a salir, estás en un error. Ese no es un modo de pensar espiritual. Pídele al Señor que te ayude a interesarte más por buscar quién te *necesita* y no a quién le *agradas*.

Un amigo ha de mostrarse amigo y no debería inquietarse demasiado por la cantidad de amigos, sino por tener amistades verdaderas (Proverbios 18:24). Un amigo ama en todo tiempo y estará a tu lado en las buenas y en las malas —en divorcios, en enfermedad, y en cambios de escuela (Proverbios 17:17). Los amigos no usan palabras aduladoras ni melosas. En cambio, dicen la verdad aun si esto significa causar un dolor momentáneo (Proverbios 27:6).

Hay personas que necesitan tu amistad. Pídele a Dios que te permita ver con sus ojos a esas personas y empezar a convertirte hoy en una amiga. Y si no es demasiado tarde, te ruego que no cometas el error infantil —entre séptimo y octavo grado— de cancelar toda amistad con personas que no son de tu edad. Si tan solo pudieras ser una amiga durante los siguientes meses difíciles, podrías tener una amiga para toda la vida.

Volvamos a Suzy Weibel, mi amiga escritora (de Dannah). En cierta ocasión, habló en un evento juvenil donde la buscó una chica que estaba desesperada por tener amigas. Esta joven realmente parecía ser el blanco de las chicas malas. Suzy le aconsejó que su mejor amigo aparte de Jesús bien podría ser un buen libro o una criatura cuadrúpeda y peluda. También la desafió a dejar de esperar que alguien la buscara para ser su amiga y que empezara más bien a buscar ser amiga de alguien. Al cabo de unas semanas, la chica le escribió a Suzy este correo electrónico:

🍎 *Seguí tu consejo. Busqué la chica que se sienta sola a almorzar todos los días. En realidad es una chica fantástica. Nos estamos volviendo amigas con gran rapidez. Descubrí que ella necesitaba una amiga y que yo necesitaba ser una.*

¿Quieres saber una hermosa verdad acerca de la amistad? La verdad es que tú estás llamada a ser una verdadera amiga de otras personas necesitadas, y a disfrutar de tu amistad con Cristo.

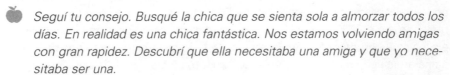

#15 {"Yo soy mi propia autoridad".}

Dime si alguna vez has tenido una conversación con tu mamá parecida a esta:

MAMÁ: Linda, es hora de irnos. Hace diez minutos que te avisé. Por favor baja.

TÚ: ¡Mamá! ¡No tengo que estar ahí sino hasta dentro de quince minutos! ¡Caramba!

MAMÁ: Toma quince minutos llegar allá. Por favor ponte los zapatos.

TÚ: (Sales al pasillo) ¡Mira! ¿Ves mi cabello? ¡Es un desastre! TÚ debiste haberme levantado más temprano para que yo pudiera tomar una ducha. ¡Mi cabello es un asco! ¡No puedo ir así! ¡Por favoooor! (Entras al baño pataleando).

MAMÁ: Tienes sesenta segundos. Trae tus cosas. Puedes peinarte en el auto.

TÚ: (Desciendes por las escaleras pisando fuerte). Es que tú no entiendes. Nunca me entiendes. ¿Qué te pasa? (Azotas la puerta de la casa).

Un libro secular que es éxito de librería y trata el tema de la crianza de chicas afirma que esta conversación debería considerarse como un gran cumplido para la madre. Después de todo, dice el autor, la hija le permite a la madre ser partícipe de su dolor interno, y eso es bueno. Ella sabe que su madre, que también es mujer, la entiende. Según el autor, la madre solo necesita sobreponerse a esos momentos y aprender a asimilar el cumplido.[2]

¡Pido permiso para disentir! En nuestra opinión, esa conversación revela un espíritu de rebeldía y deshonra que no tiene cabida en un hogar cristiano. Aún así estamos seguras de que es terriblemente común. ¿Cómo podemos hacer dicha estimación? Bueno, como no tenemos cámaras de vigilancia en tu casa, debe ser que hemos visto algo de eso en nuestros propios hogares.

Satanás odia la autoridad y también nos ha infundido un disgusto especial por ella. La lucha para someterse no es exclusiva de nuestros días ni de nuestra cultura. De hecho, esa fue la esencia misma del problema de Eva en el huerto de Edén. En el fondo, el desafío de la serpiente fue: "¿Acaso Dios tiene derecho de gobernar en tu vida?". En otras palabras, Satanás dijo: "Tú puedes gobernar tu propia vida, no tienes que someterte a la autoridad de nadie más".

AUNQUE **NO ESTÉS DE ACUERDO** con la **AUTORIDAD** que **DIOS** ha puesto sobre ti, **el amor y el respeto** hacia **Cristo** deberían **MOTIVARTE** a **someterte.**

Convenció a Eva de que someterse a la dirección de Dios significaba su infelicidad y la pérdida de algo maravilloso en la vida. Desde ese día hasta hoy, Satanás ha hecho un trabajo magistral convenciendo a las mujeres de que la sumisión es un concepto negativo y limitante. Por ejemplo, usa nuestra cultura, el protagonismo cada vez mayor de la psicología y el entretenimiento de Hollywood para alimentar nuestra rebelión. Al parecer, algunas de ustedes lo ven con la misma claridad que nosotras. La mayoría de las jóvenes con quienes hablamos reconocieron que actuaban de acuerdo con la mentira "Yo soy mi propia autoridad". Algunas expresaron así su conflicto:

🍎 *Pienso que muchas veces los medios actuales, en especial las películas, muestran a los padres como tontos, como si no supieran nada o fueran raros. Los medios quieren que no los consideremos como personas, sino una simple y estúpida autoridad que no tiene idea de la vida.*

🍎 *Pelear con tus padres no es gran cosa.*

🍎 *La rebelión es la eterna diversión de cada generación.*

Durante siglos, Satanás ha arruinado familias, amistades y matrimonios con la rebelión. Su arsenal de mentiras acerca de la sumisión es infinito. Saquemos a la luz algunas de esas **MENTIRAS** antes de analizar la verdad.

Solo debo someterme si estoy de acuerdo con mi autoridad. Esto no es sumisión. No es más que acuerdo y cooperación. Efesios 5:21 dice que debemos someternos a las autoridades que Él ha puesto "en el temor de Dios". Aunque no estés de acuerdo con la autoridad que Dios ha puesto sobre ti, el amor y el respeto hacia Cristo deberían motivarte a someterte.

No puedo expresar mis sentimientos ni opiniones a mi autoridad. Someterse no significa que no puedas pensar. En algunos casos, puedes incluso expresar tus propias ideas si lo haces con una actitud humilde y respetuosa. Eso no te da licencia para alzar la voz, patalear o desobedecer si tu autoridad no cambia de opinión.

Mi autoridad siempre tiene la razón. Esto sucede con la sumisión: a veces tus padres, maestros, pastores o líderes del gobierno estarán equivocados. Después de todo, son humanos. Puedes esperar que en ocasiones tomen malas decisiones. (Mira el recuadro de esta página que incluye consejos sobre qué hacer cuando piensas que tus autoridades están equivocadas). Aun en ese caso, tu sumisión debe ser una forma de protección. Entonces, ¿cuál es la **VERDAD** acerca de la sumisión?

Cómo **responder a los padres** cuando **no estás de acuerdo** con sus decisiones

➡ **Admitimos que no todas las chicas que leen este libro tienen padres perfectos.** (Mmmm, ¡revisemos esa afirmación!). Admitimos que nadie tiene padres perfectos. Entonces ¿cómo reaccionas cuando sientes que son injustos o que sus decisiones están equivocadas? Estas son algunas sugerencias:

➡ **Recuerda que toda autoridad humana es responsable en última instancia delante de Dios, y que Él es lo bastante grande para cambiar el corazón de tus padres si es necesario** (Proverbios 21:1). Aprende a confiar en Dios y en su plan soberano. Recuerda que Él es poderoso para contrarrestar cualquier error que puedan cometer tus padres.

➡ **Examina tu actitud y pide perdón por cualquier falta que por tu parte hayas cometido.** Pídele a Dios que te muestre si has sido obstinada, rebelde o irrespetuosa de alguna manera. Si eres culpable de orgullo, o de quejarte y protestar, y reconoces tu mala actitud hacia tus padres, lograrás restaurar en gran medida la confianza que tus padres pueden depositar en ti. (También podrían mostrarse dispuestos a reconocer sus propios errores).

➡ **Invierte en tu relación con tus padres.** ¿Cuándo fue la última vez que escribiste una nota a tu mamá o a tu papá, que los invitaste a tomar un helado o que ofreciste ayudarles con las tareas domésticas? Si tú demuestras que te interesas por ellos, es muy probable que mejore la comunicación y que sea más fácil resolver los problemas.

➡ **Habla con el Señor al respecto.** Pídele que cambie el corazón de tus padres si están en un error. Pídele que te dé la gracia para responder con una actitud correcta y sabiduría para reaccionar frente a las circunstancias. Luego dale tiempo para que obre en tu vida y en la de ellos.

➡ **Presenta una apelación.** Eso fue lo que hizo Daniel cuando el rey le ordenó comer algo que era contrario a la ordenanza de Dios. Propuso con respeto un plan alternativo. El rey le concedió su petición y Dios guardó a Daniel de verse obligado a tomar una decisión pecaminosa (Daniel 1:5-16). Con respeto, pregunta a tus padres si ellos estarían dispuestos a reconsiderar su decisión. A menos que te pidan hacer algo pecaminoso, hazles saber que te someterás a su autoridad sea cual fuere su decisión.

➡ **Elige obedecer** a tus padres, aun si estás en desacuerdo con ellos, salvo si te piden hacer algo que las Escrituras condenan o si te prohíben hacer algo que ellas ordenan. Recuerda que Jesús, el Hijo de Dios sin pecado, también fue adolescente y tuvo que obedecer a sus padres terrenales. Aunque ellos eran pecadores y cometieron errores, él fue obediente (Lucas 2:51).

La sumisión te pone bajo la protección de Dios, mientras que la rebelión te expone a la influencia de Satanás en formas inimaginables. Cuando nos ponemos bajo el amparo espiritual de las autoridades que Dios ha puesto en nuestra vida, Él nos protege. (Esto no significa que nada malo ni difícil nos sobrevenga, sino que Él nos acompañará en cada problema). Por el contrario, cuando insistimos en hacer lo que queremos y nos salimos de esa protección, quedamos expuestas y le damos al enemigo otra ocasión para atacarnos.

Nosotras consideramos que la proporción de ataques del enemigo que muchas jóvenes cristianas sufren contra su mente, su voluntad y sus emociones, obedece a su falta de sumisión a la autoridad de sus padres, maestros y pastores. También sienta las bases del patrón futuro que te llevará a irrespetar y rebelarte contra la autoridad de tu esposo si algún día llegas a casarte.

LA SUMISIÓN te pone bajo LA PROTECCIÓN de Dios.

Para mí (Dannah) fue difícil respetar a mi esposo por cerca de diez años de matrimonio antes de aprender que podría ser muy hermoso si yo escogía honrar a Bob. Claro, nunca me rebelé en asuntos grandes. Si él me pedía que nos mudáramos al otro lado del país, yo accedía.

Pero el caos se desataba si él trataba de decidir sobre los asuntos pequeños del hogar —como el lugar donde estacionábamos el auto en la iglesia o a qué hora salíamos para el aeropuerto. ¡Sé que son tonterías! Mi querido esposo fue increíblemente amoroso, paciente y amable. En cambio, yo solía ser mandona, irritable y fría. (Eso me recuerda cómo era yo con mi mamá en mi adolescencia).

Un día, el Señor me permitió ver todo desde su óptica. Desperté a mi esposo en plena noche para pedirle perdón por haber dañado mi matrimonio con esa actitud. A partir de ese día nuestro matrimonio alcanzó una verdadera plenitud. Aunque en apariencia yo le había entregado el control a Bob, creo que por fin le había dado a Dios el control de mi vida. Y Él en su poder embelleció mi matrimonio.

A PRIMERA VISTA, someterte a tus padres y a otras autoridades parece un asunto de relaciones humanas, pero en el reino invisible se trata de una batalla mucho más grande por el control de tu vida: ¿someterás tu voluntad a Dios o vas a insistir en ser tu propia autoridad? Cuando te dispones a obedecer a Dios, descubrirás que no es tan difícil someterte a tu mamá, tu papá o tus maestros.

EN RESUMEN: **nuestra disposición a someternos a las autoridades humanas es la mayor evidencia de la verdadera estima que tenemos de la grandeza de Dios.** ¿Crees que Él es mayor y más grande que cualquier autoridad humana? ¿Confías en que Él es lo bastante grande para cambiar los corazones de quienes ha puesto en autoridad sobre ti? Proverbios 21:1 nos promete: "Como los repartimientos de las aguas, así está el corazón del rey en la mano de Jehová; a todo lo que quiere lo inclina".

La verdad acerca de la sumisión es que hay una autoridad superior que controla cada autoridad humana, y que la sumisión piadosa es un medio para una mayor bendición y protección.

La mentira

La verdad

Está bien ser alguien en casa y otra persona fuera, especialmente en la Internet.

- Si tu vida contradice las creencias que profesas, eres una hipócrita. Mateo 23:27b-28

- Dios quiere que seas sincera y constante. Santiago 1:8; 4:8

Si tuviera amigos, no estaría tan sola.

- Estás llamada a ser una verdadera amiga. Proverbios 18:24; 17:17

- Estás llamada a buscar la amistad con Cristo. Juan 15:13-15

Yo soy mi propia autoridad.

- La sumisión te pone bajo la protección de Dios. Efesios 5:21

- La rebelión te expone al ataque de Satanás. 1 Samuel 15:23

- Tu disposición a ponerte bajo la autoridad que Dios ha establecido es la mayor evidencia de cuán grande crees que es Dios. Proverbios 21:1

Aplicación personal

Las relaciones son un gran regalo de Dios si las vivimos con una actitud saludable, pero las mentiras acerca de las relaciones pueden convertirlas en algo tortuoso. Puedes frenar el ciclo de sufrimiento que éstas pueden ocasionar en tu vida si decides buscar la verdad. Toma tu diario y responde las siguientes preguntas:

¿Qué mentiras he sido propensa a creer acerca de las relaciones?

¿Qué versículos puedo atesorar en mi corazón para refutar esas mentiras con la verdad?

"Lo que tantas veces pasa por
cristianismo no es más que
un impostor. Lo triste es que
la gran mayoría no conoce
la diferencia".

J. DAVID HOKE

Mentiras
acerca de mi fe

En la mañana que empezamos a escribir este capítulo, yo (Dannah) me encontré con Courtney en Starbucks. Courtney es la hija de un anciano de la iglesia. Su mamá pertenece al liderazgo del ministerio infantil de su iglesia. Tiene una familia muy consagrada a la fe cristiana. Este es un resumen de nuestra conversación acerca del Cuerpo de Cristo:

Dannah: Hoy voy a escribir acerca de mentiras sobre la iglesia. Este es el tema que más emociones despierta en las chicas de todo el país. He visto correr muchas lágrimas en torno a ese tema.

Courtney: ¿De veras? ¿Por qué?

Dannah: Casi siempre por los pastores de jóvenes.

Courtney: ¿Por qué lloran las chicas por los pastores de jóvenes?

Dannah: Porque se van.

Courtney abrió sus ojos al tiempo que asentía con su cabeza en total acuerdo.

Courtney: Sí, ¡tienes que escribir sobre eso! En mi iglesia ocurrió. El pastor de jóvenes tuvo una aventura amorosa y un día desapareció. Una chica no pudo superarlo. Claro que estaba demasiado aferrada a él. Su dirección de correo electrónico era "PCslittleangel", "el angelito del pastor Chad". Lloró cuando él se fue y se enojó con los líderes por despedirlo. Él ni siquiera pidió perdón por su pecado. Trató de justificarlo. De todas formas, esta chica dejó de asistir a la iglesia. Nunca pudo superarlo.

Dannah: ¿Cuánto tiempo le tomó a tu grupo de jóvenes sobreponerse a esto?

¿SE IRÁ
MI PASTOR?

Por regla general, un pastor de jóvenes permanece en la misma iglesia un promedio de 3.9 años. La mayoría de las adolescentes enfrenta por lo menos un cambio de pastor durante sus años de secundaria.[1]

Courtney: Todavía no lo ha logrado.

El pastor "Chad" se fue hace cinco años. Desde entonces, el grupo de jóvenes al que pertenece Courtney ha tenido otro pastor de jóvenes a quien el liderazgo pidió su renuncia por no hacer bien su trabajo. Apenas han empezado a conocer a otro nuevo.

Dannah: ¿Eres activa en tu grupo juvenil?

Courtney: En realidad no.

Dannah: ¿Por qué?

Courtney: Pienso que mi grupo juvenil es un chasco.

Dannah: ¿Eso tiene algo que ver con la salida precipitada del pastor de jóvenes?

Courtney: Absolutamente.

#16 { "Mi pastor de jóvenes es quien me conecta con Dios". }

Es indiscutible que esta mentira fue la que más produjo lágrimas en nuestros grupos de enfoque. Y lo cierto es que, desde el punto de vista humano, puedes tener razón en sentirte decepcionada. Muchas de ustedes han visto partir a uno o más pastores de jóvenes. Y muchas veces no se van de forma muy elegante. Incluso cuando lo hacen, puedes sentirte abandonada por alguien que fue un consejero influyente en tu vida espiritual.

Sé que los pastores de jóvenes cambian de trabajo todo el tiempo, pero para mí es terrible. Mi pastor de jóvenes era la única persona en mi vida a quien le contaba todo, y cuando perdí eso, no supe qué hacer.

Mi iglesia es la más grande de la ciudad y nadie está contento con mi pastor de jóvenes. Es como si solo fuéramos una parada más en su recorrido ministerial.

Las personas consideran a sus pastores de jóvenes como si fueran dioses. Los vemos como santos y quizá por eso no se quedan. Dios sabe cuán peligroso es que empecemos a depender de otros y no de Él. En tu

mente sabes que no son Dios, pero cuando se marchan quedas descon-
certada y pierdes de vista que Dios no se ha ido.

Si bien los pastores y líderes de jóvenes son guías espirituales importan-
tes en tu vida, ***tenemos acceso a Dios por medio de Cristo y sólo por Él.*** Los
eruditos bíblicos llaman a esto "el sacerdocio de los creyentes" (ver 1 Pedro
2:9). En los tiempos del Antiguo Testamento, Dios escogió a algunos hombres
como sacerdotes. Ellos guiaban al pueblo de Israel en la adoración y ofrecían
sacrificios a favor del pueblo de Dios. Ahora Cristo es nuestro Sumo Sacer-
dote. Con su muerte en la cruz, Él ofreció un sacrificio completo por nuestros
pecados y nos invita a acercarnos directamente a la presencia de Dios por
medio de nuestra relación con Él. "Porque hay un solo Dios, y un solo media-
dor entre Dios y los hombres, Jesucristo hombre, el cual se dio a sí mismo en
rescate por todos" (1 Timoteo 2:5-6).

Cuando un líder espiritual deja el ministerio o te lastima, es una oportunidad para acercarte más a Cristo y dejar que Él te sane con su gracia.

Es lamentable que muchas de ustedes hayan confesado que a raíz de su
experiencia con la partida de sus pastores abandonaron la iglesia e incluso a
Dios. Una joven dijo:

 Creo que eso explica por qué tantos jóvenes no vuelven a la iglesia des-
pués de terminar la secundaria.

Quizá no sea *la* razón, pero después de hablar con cientos de jóvenes
como tú, estamos seguras de que es una razón por la cual muchas no vuelven
a la iglesia cuando sus padres dejan de exigirlo. Yo (Dannah) comprendo muy
bien cuán tentador puede ser abandonar la iglesia cuando tu pastor de jóvenes
te decepciona. Siendo estudiante de secundaria, tuve un pastor de jóvenes
maravilloso que influyó en mi vida de manera muy positiva en una etapa
crucial. Cuando me acercaba a mi edad adulta perdimos el contacto, pero
yo conseguí cintas de audio de sus sermones. Lo reverenciaba mucho, tal
vez *demasiado*. Años después, pasados mis *treinta*, él me trató muy mal. Al
verlo en retrospectiva, me doy cuenta de que él tenía ciertas preocupaciones
comprensibles, pero en su intento por tratar el problema, me separó de otros
amigos y consejeros.

Me sentí desconsolada. ¡Era mi pastor de jóvenes! El hombre que me
había discipulado en mis años más difíciles cuando cursaba séptimo y octavo
grado. ¿Cómo podía lastimarme de esa manera? Logré comprender que años
atrás lo había puesto en un pedestal y que todavía estaba ahí.

Mi reacción natural fue no desear ir más a la iglesia, a pesar de que yo
ya no asistía a la iglesia de él. Durante varios meses solo fui a la iglesia por
obediencia. Me tomó dos años poder recuperarme del todo. Al cabo de un
tiempo, este antiguo pastor de jóvenes me buscó y me pidió perdón por la

manera como había manejado las cosas. Realmente creo que el Señor quería enseñarme una lección acerca de no elevar a los líderes espirituales a un lugar que solo está reservado para Dios.

Después de haber vivido esta experiencia, *comprendo lo que sientes.* Aún así, no puedes culpar a otros por las decisiones que tomas respecto a la iglesia. *Cada uno es responsable de sus propias acciones y reacciones.* No puedes culpar al pastor de jóvenes por alguna decisión que tú hayas tomado para desvincularte del Cuerpo de Cristo.

¡La familia de Dios funciona mejor unida! Puedes necesitarlos y ellos a ti. Sin importar cuántas experiencias negativas hayas tenido en la iglesia —y sabemos que las tendrás porque Satanás odia la iglesia y no cesa de atacarla—, el mejor lugar donde puedes crecer, servir y recibir discipulado es tu iglesia local.

La iglesia primitiva se reunía con frecuencia y tenían todo en común. Suplían sus necesidades mutuas y estaban comprometidos los unos con los otros, estaban unidos y brindaban apoyo espiritual a todos en toda circunstancia. No eran perfectos, como ninguna iglesia actual lo es. Sin embargo, la iglesia es el plan de Dios, Jesús la ama y dio su vida por ella. Puede que sea tentador alejarte cuando hay dificultades, pero como parte de la familia espiritual de Dios, Él no nos ha dado la opción de "desertar".

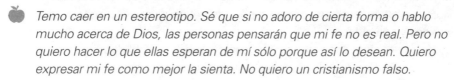

#17 { "Todos en la iglesia me juzgan". }

Esta fue una de nuestras mentiras más grandes. El 91% de las chicas de nuestros grupos de enfoque afirmaron que siempre o algunas veces se sentían juzgadas. Solo el 9% de ellas sentía que en sus iglesias no había personas que las juzgaran. Encontramos dos fuertes manifestaciones de este gran temor de ser juzgadas, y que consideramos peligrosas.

PRIMERO, que muchas se sentían presionadas a fingir.

🍎 *Temo caer en un estereotipo. Sé que si no adoro de cierta forma o hablo mucho acerca de Dios, las personas pensarán que mi fe no es real. Pero no quiero hacer lo que ellas esperan de mí sólo porque así lo desean. Quiero expresar mi fe como mejor la sienta. No quiero un cristianismo falso.*

🍎 *Hay muchas personas que esperan que yo sea igual a ellas.*

SEGUNDO, muchas dijeron que no se sentían seguras de contarle a alguien mayor acerca de una lucha que tenían con algún pecado por temor a ser juzgadas. Parece que la gran mayoría de jóvenes nunca ha experimentado la bendición de tener a alguien que les ayude a vencer su pecado.

🍎 *Cada semana me siento en los bancos de la iglesia y veo a todas esas familias que parecen perfectas. Mi pecado es muy feo. Anhelo tener a alguien con quién hablar, pero sé que no es posible.*

🍎 *Los domingos, antes de las actividades vespertinas, un grupo de apoyo para alcohólicos se reúne en nuestra iglesia. Hubieras oído el alboroto que se armó cuando tomaron esa decisión. No son el grupo más pulcro. Fuman en el estacionamiento y eso sin duda erizó a algunos. Pero son un grupo de personas sinceras que no niegan su necesidad, y el único lugar donde se supone que deberían acogerlos y tiene la respuesta a sus problemas, está demasiado ocupado discutiendo si deberían o no dejarlos reunir allí. ¿Crees que algún día hablaré de mi pecado? ¡De ninguna manera!*

JURADOS CRÍTICOS

Preguntamos a las jóvenes si estaban de acuerdo o no con la afirmación: "Siento que todos en la iglesia me juzgan". Esto fue lo que respondieron:

91% De acuerdo, siempre o a veces

9% En total desacuerdo

Como seres humanos, podemos entender esa reacción. Sabemos que no debemos juzgar por las apariencias (Juan 7:24), y que cuando tenemos un espíritu crítico, podemos estar seguros de que seremos juzgados con mayor severidad (Mateo 7:1-2).

Cuando ves y oyes cristianos con un espíritu crítico, debes responder con amabilidad pero veracidad. Puedes decir: "Yo sé que esas personas fuman, pero me parece que su intención es recibir ayuda y han acudido al lugar correcto. Lo que en realidad necesitan es a Jesús. Oremos para que lo encuentren aquí".

Pero ¿qué si el juicio es contra ti? ¿Qué haces en ese caso? Podría asombrarte oír que, en nuestra opinión, deberías responder con humildad a los que te juzgan. Digamos que tú llegas a la iglesia en el fabuloso vestido que acabas de comprar en tu gran jornada de compras del sábado. Te pareció tan lindo que no pudiste resistir comprarlo. Estabas segura de haberlo examinado a fondo antes de pagarlo.

"Sí", dijiste para ti misma. "¡Es lindo y discreto! ¡Estoy segura de que es apropiado para ir a la iglesia!".

¡Listo! ¡Es tuyo!

No obstante, al llegar a la iglesia "linda y recatada", se acerca una mujer cristiana mayor a quien conoces. Resulta ser tu supervisora de escuela dominical, y ella sabe que tú enseñas a los niños de 3 y 4 años. Ella no luce tan adorable hoy.

De todos modos no sé cuándo pasó de moda ese vestido —piensas—. *Bueno, qué importa, definitivamente ella es recatada.*

Al parecer, ella no piensa que tu atuendo sea tan discreto como debería y, aunque es amable, no tarda en señalarlo. De hecho, te pide que regreses de inmediato a casa para cambiarte antes de enseñar en la clase de niños de 3 y 4 años.

¡Te quedas sin aliento!

No tienes idea qué decir.

Podrías pensar en correr al baño a llorar, aunque no sería una actitud aceptable. Luego, que sería mejor saltar y hacer un par de comentarios sobre la "señorita demasiado recatada".

¡ESPERA!

En realidad la cuestión no es tanto quién tiene la razón, sino que tú estás llamada a honrar y a estimar a otros en el Cuerpo de Cristo. De hecho, la Palabra de Dios nos enseña: "en cuanto a honra, prefiriéndoos los unos a los otros" (Romanos 12:10) y a "honra[r] a todos" (1 Pedro 2:17).

Entonces, ¿qué haces en este caso?

¿Qué te parece si haces algo radical? Como pedirle a tu mamá las llaves del auto y proponerle que te gustaría volver a casa y cambiarte de ropa durante el intermedio entre la adoración matinal y la escuela dominical. De esa manera honrarías a tu supervisora. Hay ocasiones en las que estamos llamados a *ceder* a las preferencias de otros con calma y sencillez.

Es natural volverse prevenida o recelosa cuando te sientes criticada o juzgada. Sin embargo, la capacidad

¿JUICIO O DISCIPLINA?

Ten cuidado de no confundir el juicio con la disciplina. Es claro que el pecado expone a todo creyente a ser disciplinado (Hebreos 12:7-11; Mateo 18:15-17). Reconocemos que algunas iglesias pueden carecer de la gracia y el esmero que requiere la disciplina, y desearíamos que no fuera así. Con todo, si un miembro de tu congregación peca, debe ser disciplinado, con el fin de que se arrepienta y sea restaurado.

de responder con humildad es una señal de madurez. De hecho, podemos aprender mucho de nuestros críticos si tenemos ante ellos una actitud humilde y dispuesta a aprender.

Dicho esto, y después de hablar con muchas de ustedes, estamos seguras de que en gran medida lo que ustedes experimentan no son juicios *como tales* sino el *temor* de ser juzgadas. Digámoslo de nuevo en otros términos: casi todo lo que ustedes experimentan está en su mente. De hecho, digámoslo de nuevo. Está bien, no, pero ya entendiste.

Consideramos que la mayoría de veces no estás siendo juzgada en realidad, pero *temes* serlo. Esto quedó en evidencia cuando notamos que algunas adolescentes de nuestras iglesias y ministerios se sentían temerosas de nuestro juicio. Lo cierto es que las amamos con todo el corazón, y nada de lo que puedan decirnos podría desconcertarnos. Quizá no estemos de acuerdo con algunas de sus decisiones, pero las amaríamos hasta el punto de ser sinceras con ellas si sentimos que viven de manera contraria a la verdad (¡nos gustaría que ellas hicieran lo mismo por nosotras!). Sin embargo, eso no disminuye en absoluto nuestro compromiso y nuestro amor por ellas.

DEFERIR

intr. *Someterse a la opinión, el deseo o la decisión de otro por respeto o reconocimiento a su autoridad, conocimiento o criterio. Sinónimo: ceder.*[2]

El miedo a ser juzgada puede hacer que te alejes de personas que pueden ofrecerte sabiduría madura, especialmente en lo que respecta a pecados que necesitas confesar y vencer. Santiago 5:16 dice: "Confesaos vuestras ofensas unos a otros, y orad unos por otros, para que seáis sanados". Si bien es cierto que Cristo ha abierto el camino para que busquemos a Dios directamente para recibir perdón, también es importante confesar nuestros pecados los unos a los otros. Hallarás una sanidad especial cuando compartas tus secretos vergonzosos con alguien que puede abrazarte, amarte y ayudarte a enfrentar el problema de manera bíblica. (¡Hasta podrías descubrir que esa persona también ha pasado por lo mismo!).

No es fácil confesar nuestros pecados a otras personas mayores y más sabias, y pedirles oración. Pero si tú te humillas y vences tu temor a ser juzgada, experimentarás la bendición de encontrar alivio de ese pecado en tu vida, así como del desagradable temor a ser juzgada.

#18 {"Por supuesto que soy cristiana, yo....."}

Durante muchos años, yo (Nancy) he sentido una gran carga en mi corazón por las personas que han crecido en una iglesia y aseguran ser cristianas, a pesar de la poca o nula evidencia en sus vidas de que son verdaderamente salvas. Han sido engañadas para creer distintas versiones de esta mentira.

"POR SUPUESTO que soy cristiana, yo voy todo el tiempo a la iglesia".

"POR SUPUESTO que soy cristiana, mis padres lo son".

"POR SUPUESTO que soy cristiana, yo crecí en la iglesia".

"POR SUPUESTO que soy cristiana, yo pasé al frente en un campamento juvenil".

"POR SUPUESTO que soy cristiana, mi mamá me dijo que yo oré para recibir a Cristo cuando tenía tres años".

La lista sigue y sigue.

Sin embargo, la esencia de la verdadera salvación no es un asunto de profesión ni desempeño, sino más bien una transformación. Aunque solo Dios puede realmente decir si alguien es un creyente, Él nos ha dado algunos parámetros bajo los cuales podemos juzgarnos a nosotras mismas. Para empezar, 2 Corintios 5:17 dice: *"De modo que si alguno está en Cristo, nueva criatura es; las cosas viejas pasaron; he aquí todas son hechas nuevas"*. La persona que ha "nacido de nuevo" tiene una nueva vida, un nuevo corazón, una nueva naturaleza, una nueva devoción, un nuevo Amo. ¿Has experimentado alguna vez esa clase de cambio radical en tu vida?

La primera epístola de Juan se escribió para dar seguridad

¿CÓMO CREEN LOS **ADOLESCENTES ESTADOUNIDENSES** QUE IRÁN AL **CIELO**?

53% Por una relación personal con Jesucristo

27% Por actos de bondad

26% Por la religión[3]

Jesús dijo: "Yo soy el camino, y la verdad, y la vida; nadie viene al Padre, sino por mí" (Juan 14:6). Hay un solo camino al cielo y es abandonar el pecado y confesar tu fe en Jesucristo como tu Señor y Salvador. ¿Has dado ese paso de fe y entrega?

de salvación a quienes han experimentado una conversión genuina, y como advertencia para aquellos que no tenían un fundamento verdadero para alegar que eran salvas. Juan identifica algunas características específicas que diferencian a quienes han sido verdaderamente salvos y a aquellos que profesan ser salvos pero no son más que religiosos hipócritas. Estas son algunas características que él señala:

Obedecen los mandatos DE DIOS.

"Y en esto sabemos que nosotros le conocemos, si guardamos sus mandamientos. El que dice: Yo le conozco, y no guarda sus mandamientos, el tal es mentiroso, y la verdad no está en él…".

Se comportan como Jesús.

"Por esto sabemos que estamos en él. El que dice que permanece en él, debe andar como él anduvo".

No guardan rencor (¡Son "chicas amables"!).

"El que dice que está en la luz, y aborrece a su hermano, está todavía en tinieblas".

No les afana ver todas las películas y programas televisivos, ni tener la última canción que el mundo ofrece.

"Si alguno ama al mundo, el amor del Padre no está en él".

No abandonan su fe.

"Porque si hubiesen sido de nosotros, habrían permanecido con nosotros; pero salieron para que se manifestase que no todos son de nosotros".

(1 Juan 2:3-4, 5-6, 9, 15, 19)

Crecer en un hogar cristiano puede ser una gran bendición, pero no te hace cristiana. Ser activa en tu grupo de jóvenes no te convierte en cristiana, y tampoco asistir a una escuela cristiana ni hacer una oración, ni ser una "buena niña".

Solo un encuentro verdadero con Jesucristo —en el que el Espíritu Santo te convence de tu pecado y te acerca a Cristo y tú respondes en arrepentimiento y fe— te confirma como un miembro de la familia de Dios. Nada, aparte de este acto de gracia divina, puede hacerte cristiana. Nada puedes hacer tú en tus fuerzas para convertirte en cristiana (Efesios 2:8-9).

Tan pronto respondes al amor de Dios y le entregas tu vida, el Espíritu Santo viene a morar en ti. Él te hace una nueva persona y te da un nuevo corazón cuyo deseo es obedecerle y servirle. También te da el deseo y el poder de resistir el pecado, y de hacer buenas obras que glorifican a Dios. Esa transformación fue bellamente ilustrada en una chica con quien yo (Dannah) hablé primero en un pequeño restaurante al estilo de los años '50 cerca de su campus universitario.

Tania me había escrito por correo electrónico para confesarme que había roto su relación con otro joven con quien había tenido sexo. Le desconcertaba el hecho de no haber podido vencer el pecado sexual a pesar de que había crecido en la iglesia donde siempre había sido un miembro activo. Después de cada relación, su pecado recurrente la dejaba con un sentimiento de abandono y vacío emocional.

Mientras estábamos allí sentadas hablando, corrían lágrimas por sus mejillas. El dolor era muy real. Parecía que había intentado hacer todo para superarlo: oración, lectura bíblica, muchos límites en sus citas amorosas. A pesar de eso, siempre fallaba.

En un punto de la conversación, el Señor trajo a mi mente la historia de Nicodemo que está en el Nuevo Testamento. Déjame decirte que dados los antecedentes de esta chica en la iglesia, me sentí un poco tonta al citar una historia tan conocida.

UNA ORACIÓN ETERNA

Querido Dios:

Confieso que he pecado. Entiendo que mi pecado es en esencia rebelión contra ti, y que me impide relacionarme contigo. Te pido que me perdones. Creo que Jesucristo es tu Hijo que murió en la cruz para recibir el castigo por mi pecado. Quiero aceptar este don gratuito y apartarme de mi pecado. Envía tu Espíritu Santo a morar en mí para que yo pueda vencer el pecado y tener una vida que te agrada. Cuando muera, llévame a vivir contigo en el cielo. Entre tanto, ayúdame a servirte y honrarte.

En el nombre de Jesús,

Amén.

"Tania", empecé. "Admito que esto puede sonar realmente elemental, pero siento que Dios quiere que te lea una historia de la Biblia".

"Está bien", balbuceó. Sus ojos seguían llorosos mientras leía el relato de Nicodemo, un líder del sistema religioso judío que salió a escondidas en la noche para preguntarle a Jesús cómo podía ir al cielo. Jesús dijo que necesitaba nacer de nuevo, del Espíritu de Dios.

"Tania", proseguí. "Si un hombre como Nicodemo podía pasar su vida entera como líder de la 'iglesia' judía y aún así no tener una relación con Aquel que lo amaba, debo preguntarme si una mujer universitaria podría hallarse en la misma situación".

Ahora las lágrimas fluían con mayor libertad.

"¿Quieres nacer de nuevo?", le pregunté.

"Sí", respondió. Y oramos juntas.

Aunque otros habían sembrado muchas semillas en su corazón durante años, este fue su momento de salvación. En ese instante de confianza sencilla en Cristo para que la salvara y para entregarle el control de su vida, ella recibió el Espíritu Santo que le daría el poder para vencer la tentación y empezar una vida agradable a Dios.

Eso fue hace siete años. Tania aún es soltera, y aunque ha tenido algunas relaciones significativas desde entonces, el sexo nunca ha estado presente. Camina libre de ataduras de inmoralidad y sirve al Señor trabajando con estudiantes en una iglesia en Pennsylvania. ¡Ha participado en varios viajes misioneros y es una joven completamente transformada!

Es posible que tus antecedentes sean parecidos a los de Tania, o que los detalles sean muy diferentes. La cuestión es: **¿Alguna vez has experimentado lo mismo? ¿Te has dado cuenta de que por tu pecado en realidad vivías en rebeldía contra Dios? ¿Has confesado tu pecado al Señor? ¿Le has entregado el control de tu vida?**

>>> Como veremos en el siguiente capítulo, convertirse en cristiano no significa que te vuelvas de la noche a la mañana un gigante espiritual exento de luchas contra la tentación. Pero cuando experimentas lo que la Biblia denomina "el nuevo nacimiento", ¡te conviertes en una persona completamente diferente y empieza la vida asombrosa para la cual Dios te ha creado!

VERDADES PARA EXTINGUIR MENTIRA

La mentira	La verdad
Mi pastor de jóvenes es quien me conecta con Dios.	• Tenemos acceso a Dios solo por medio de Jesucristo. 1 Pedro 2:9; Hebreos 13:15-16
	• Tú necesitas la iglesia y la iglesia necesita de ti. 1 Corintios 12:12-27; Hebreos 10:24-25
Todos en la iglesia me juzgan.	• Debemos mostrar honra y consideración a otros, aun a quienes nos juzgan. Romanos 12:14-21
	• Nuestro miedo a ser juzgadas nunca puede ser una excusa para ocultar el pecado. Santiago 5:16
Por supuesto que soy cristiana, yo…	• Nada hay que podamos hacer para merecer nuestra relación con Dios. Efesios 2:8-9
	• La verdadera conversión requiere fe en Cristo como Salvador y Señor, seguida de un creciente amor por Dios, un aborrecimiento del pecado y un deseo de obedecer la Palabra de Dios cada vez mayor. Romanos 10:9-10; Hechos 20:21
	• Si eres hija de Dios, todos notarán que eres una nueva persona, con el poder para vencer el pecado y obedecer a Dios. 2 Corintios 5:17

[Mentiras que las jóvenes creen]

Aplicación personal

HAY MUCHAS MENTIRAS ACERCA DE LA FE CIRCULANDO POR ESTOS DÍAS.

Aunque las mentiras acerca de nuestra fe son de las artimañas más viejas de Satanás, él ha adaptado nuevas versiones para nuestra generación. ¿Qué te parece si tomas tu diario y empiezas a deleitarte con algunas de las verdades acerca del Cuerpo de Cristo? Al escribir, enfócate en estas preguntas:

¿Qué mentiras he sido más propensa a creer acerca de mi fe?

¿Qué versículos puedo atesorar en mi corazón para refutar esas mentiras con la verdad?

Dimeytedire

te tengo un regalo!

de veras? 😄

Sí… es una copia pirata de esa película que tenemos tantas ganas de ver. Apenas va a salir en cartelera esta semana, pero tengo una descarga digital marcada con tu nombre!!!

Y eso no es ilegal?

Hago esto siempre para mis amigas… no es nada grave… la gente que hace películas ya tiene DEMASIADO dinero. No tenemos que gastar el nuestro en boletos de cine con precios exorbitantes.

Supongo que en tu opinión si infringes la ley y no pasa nada entonces nada te puede detener, pero hazme un favor… da esa copia a otra persona. Yo no estoy de acuerdo con eso. En lugar de eso, qué te parece ver la película conmigo en el cine este fin de semana? 🍿

"El pecado produce una especie de interferencia estática en la comunicación con Dios y por ende nos desconecta de los mismos recursos que necesitamos para combatirlo".

PHILIP YANCEY

Mentiras
acerca del pecado

Una vez que has puesto tu fe en Cristo y sabes con certeza que eres hija de Dios, recuerda que aunque eres una nueva criatura en Cristo, con un deseo nuevo de amarlo y servirlo, *los cristianos no son perfectos.* Al punto de partida de la salvación, que la Biblia llama nuestra *justificación*, le sigue un proceso de toda la vida que la Biblia denomina *santificación.* Este es un término teológico importante que señala el proceso de volverte cada vez más como Jesús en cada área de tu vida.

Este proceso toma tiempo. Nadie pasa de "bebé" a "adulto" de la noche a la mañana, ni en lo físico ni en lo espiritual. El proceso de crecimiento espiritual tiene sus altibajos. Nunca llegarás a ser inmune a la tentación ni llegarás al punto de no necesitar con urgencia la misericordia y la gracia de Dios. La Biblia describe la vida cristiana como una batalla. A veces la batalla puede ser muy intensa y desagradable.

Sin embargo, a medida que maduras en tu fe, se espera que experimentes victorias de manera más constante. Y esto puede frenarse si crees mentiras acerca del pecado. Veamos si podemos combatirlas con la verdad.

#19 {"No puedo vencer mi pecado".}

Muchas de ustedes sienten esto.

➡ La vergüenza.

➡ La culpa.

➡ El dolor.

Tal vez tu lucha sea con la mentira. O con el chisme. Tal vez sientas que no puedes controlar el impulso de hacer trampa aunque prometes siempre que será la última vez. O puedes sentirte aprisionada por un pecado secreto que nadie conoce.

¿Podemos ser francas? Sabemos que hay jóvenes que leen este libro y viven esclavas del pecado sexual —como el sexo prematrimonial (fornicación), lesbianismo y masturbación. No son temas fáciles de tratar (y nunca deben tratarse con ligereza). Sin embargo, muchas de ustedes nos han pedido ayuda con estos y otros problemas, y no podemos ser indiferentes. Se trata de batallas muy reales, y muchas jóvenes que crecen en un ambiente cristiano experimentan una derrota permanente o recurrente frente al pecado y la tentación.

Lo que más nos inquieta sobre esta mentira es el hecho de que lo que tú crees determina la manera como vives. Si crees que vas a pecar, entonces lo harás. Si crees que tienes que vivir en esclavitud, así vivirás. Si crees que no puedes vencer el pecado, no lo vencerás. Si no triunfas sobre esta mentira con la verdad, te resultará muy difícil vencer muchas otras mentiras.

¿Te sorprendería si empezamos por decir que tienes razón en que *no puedes* vencer el pecado? Es decir, *tú* no puedes vencer el pecado. Careces del poder para cambiarte a ti misma. Jesús dijo: "separados de mí nada podéis hacer" (Juan 15:5). Aunque tú no puedes vencer el pecado por ti misma, Cristo puede cambiarte. Por medio de su poder (y solo por su poder), tú puedes decir "no" al pecado y "sí" a Dios.

Si estás en Cristo, la verdad es esta:

…Y LIBERTADOS DEL PECADO, VINISTEIS A SER SIERVOS DE LA JUSTICIA… PORQUE LA LEY DEL ESPÍRITU DE VIDA EN CRISTO JESÚS ME HA LIBRADO DE LA LEY DEL PECADO Y DE LA MUERTE (ROMANOS 6:18; 8:2).

Él primero te libera en el momento en que naces de nuevo. Tania, la chica universitaria que mencioné en el capítulo anterior, no podía vencer su pecado sexual a pesar de que era un miembro activo de su iglesia, oraba y leía su Biblia. Simplemente era incapaz de hacerlo porque nunca había nacido de nuevo y todavía era esclava del pecado. No tenía el poder del Espíritu Santo en su interior para vencer el pecado, y aún vivía bajo el dominio de su vieja naturaleza. Pero cuando recibió a Cristo como su Salvador, esa vieja naturaleza murió, y ella fue libre del pecado; ahora tenía el poder de vencer sus hábitos pecaminosos. Tú y yo podemos hacer lo mismo por medio de la muerte de Cristo.

> **Sabiendo esto, que nuestro viejo hombre fue crucificado juntamente con él, para que el cuerpo del pecado sea destruido, a fin de que no sirvamos más al pecado. Porque el que ha muerto, ha sido justificado del pecado** (Romanos 6:6-7).

Cualquier seguidor verdadero de Jesucristo empezará a experimentar la victoria sobre el pecado. Aun los hábitos más adictivos pueden vencerse por medio de Cristo. En algunos casos, la victoria es inmediata. La escritora Becky Tirabassi contó que en sus años de adolescencia y juventud luchó con el alcoholismo hasta que recibió a Cristo, instante en el cual fue liberada de su adicción.

Sin embargo, es posible tener una relación genuina con Jesús y seguir mortificada por un pecado al que cedes una y otra vez. Dios no nos libera de inmediato de todo hábito pecaminoso en el momento de la salvación, como le sucedió a Becky con el alcohol. Sin embargo, como hijas de Dios tenemos el poder para vencer toda esclavitud y práctica pecaminosa.

TÚ PUEDES DECIR "NO" AL PECADO Y "SÍ" A DIOS.

Si te encuentras luchando sin cesar con el mismo patrón pecaminoso en tu vida, hazte unas cuantas preguntas: *¿Estoy realmente de acuerdo con Dios en que este comportamiento es pecado, o en el fondo pienso que realmente no tiene nada de malo?* La Biblia nos enseña que Dios odia el pecado porque es rebelión contra Él y porque destruye nuestra vida. Pero *¿tú odias tu pecado?* **¿Has llegado al punto de anhelar sinceramente ser libre de este hábito pecaminoso?**

Dios nos ha dado muchos recursos para ayudarnos a vencer el pecado: su Espíritu Santo, su gracia, su Palabra y la oración, por nombrar unos pocos. Uno de los recursos más importantes que Él nos ha dado es el Cuerpo de Cristo, los otros creyentes. Gálatas 6:1 dice: "Hermanos, si alguno fuere sorprendido en alguna falta, vosotros que sois espirituales, restauradle con espíritu de mansedumbre". Este pasaje fue escrito para creyentes. Los verdaderos creyentes a veces "tropiezan" con pecados.

Creemos que es imposible vencer el pecado en tu vida sin la ayuda de otros miembros del Cuerpo. Como mencionamos en el capítulo anterior, puede ser de gran ayuda confesar tu pecado a una persona mayor y más sabia en tu iglesia local. **Confesar a alguien tu pecado puede ser un paso crucial en el proceso de librarte de él.** Te dará la responsabilidad y el poder de oración que necesitas para seguir andando en victoria.

En mi libro (habla Nancy) titulado *Quebrantamiento: El corazón avivado por Dios*, relaté mi batalla con un pecado recurrente en mis años de juventud. El Espíritu de Dios empezó primero a convencerme de que yo era culpable de "exagerar la verdad" (mentir). Esto es lo que escribí:

 Aunque nadie más conocía mi engaño, y aunque otros podrían considerar mis faltas insignificantes, sentí una convicción casi sofocante (¡y bendita!) de Dios en mi corazón y supe que debía sacarlo a la luz.

Estuve de acuerdo con Dios, confesé mi engaño y tomé la determinación de decir la verdad siempre. Sin embargo, en poco tiempo descubrí que la mentira era una fortaleza en mi vida y que tenía raíces profundas. Estaba atada y parecía incapaz de librarme de ello.[1]

Dios trajo a mi mente el principio de Santiago 5:16: "Confesaos vuestras ofensas unos a otros, y orad unos por otros, para que seáis sanados. La oración eficaz del justo puede mucho". El Señor me movió a confesar mi pecado de mentira a dos amigos piadosos. Fue una de las cosas más difíciles que he tenido que hacer, pero ese paso de humildad, junto con la rendición de cuentas y las oraciones de mis amigos, fue el punto de partida para que yo experimentara la libertad de esa fortaleza de mentira en mi vida.

Puede que tengas hábitos pecaminosos que nadie más conoce, o incluso el mismo pecado de mentira con el que yo luché. Y si lo cuentas a alguien, quizá temas que te juzguen. (Un doble agravante que toca afrontar). Puedes ser libre, pero lo más probable es que necesites pasar por el difícil proceso de abrir tu corazón a alguien que conoces y respetas. Esto es particularmente cierto sobre pecados del corazón como el chisme y la mentira, donde basta tu propia lengua para caer en pecado.

Luego, si tu pecado involucra a otra persona o algo externo, como tu página de Facebook, debes buscar un "corte radical" de aquello que te lleva a pecar. Mateo 18:8 dice: "Por tanto, si tu mano o tu pie te es ocasión de caer, córtalo y échalo de ti; mejor te es entrar en la vida cojo o manco, que teniendo dos manos o dos pies ser echado en el fuego eterno".

¿QUÉ QUISO DECIR CON ESTO? ¡Que si algo te hace pecar te deshagas de ello! Si tu computadora es una puerta al pecado, apágala. Si te hallas pecando sistemáticamente en una relación, córtala. Cuando te sientes tentada a enviar fotografías sugestivas por Snapchat, cancela tu cuenta. Es bastante simple. Deja de dar lugar a cosas que te conducirán a pecar y arrancarás de raíz la tentación.

#20

"En determinadas situaciones está bien infringir leyes o normas si eso no me perjudica a mí ni a los demás".

La mayoría de los automovilistas creen que es mala idea enviar mensajes de texto mientras se conduce. El gobierno está de acuerdo: cada estado de los Estados Unidos, salvo en dos casos, prohíbe enviar textos mientras se conduce.[2] (Una prohibición no es exactamente una ley, pero funciona de manera similar. Puedes recibir una multa de hasta $500 dólares si alguien te descubre enviando mensajes de texto mientras conduces. En algunos estados puede haber acciones penales). Aparte de los asuntos legales, infringir esta norma puede resultar en una tragedia lamentable. Uno de cada cuatro accidentes en los Estados Unidos es causado por quienes envían mensajes de texto mientras conducen. A pesar del hecho de que nueve personas mueren a diario a causa de accidentes causados por distracciones tales como los mensajes de texto, más del 30 por ciento de los automovilistas en los Estados Unidos (no solo adolescentes) confiesan que infringen esta norma.[3]

Este es solo un ejemplo de un aspecto en el que descubrimos que las jóvenes cristianas en toda la nación creían la mentira de que "en determinadas situaciones está bien infringir leyes o normas si eso no me perjudica a mí ni a los demás". (Aunque sientas que no lastimas a nadie porque infringes alguna ley y nadie sale perjudicado, eso no significa que no vivas con serios remordimientos por eso o por otra desobediencia en

INFRINGIR
LAS **NORMAS**

Preguntamos a las adolescentes si estaban o no de acuerdo con la afirmación: "Está bien infringir leyes o normas si eso no me perjudica a mí ni a los demás". Estos son los resultados:

71% De acuerdo, siempre o en ocasiones

28% En desacuerdo

¡PIÉNSALO!

Por regla general, pecamos porque pensamos que obtendremos algún beneficio o nos producirá algún placer. La próxima vez que sientas deseos de pecar, detente y considera algunas consecuencias del pecado. Recuerda que:

El pecado roba el gozo (Salmo 51:12).

El pecado daña la confianza (1 Juan 3:19-21).

El pecado trae culpa (Salmo 51:3).

El pecado apaga al Espíritu de Dios (1 Tesalonicenses 5:19).

El pecado causa daño físico (Salmo 38:1-11; 31:10).

El pecado trae sufrimiento al alma (Salmo 32:3-4).

El pecado contrista a Dios (Efesios 4:30).

El pecado abre la puerta a otros pecados (Isaías 30:1).

El pecado rompe la comunión con Dios (Isaías 59:1-2).

El pecado produce temor (Proverbios 28:1).

El pecado busca controlar mi vida (Juan 8:34; Romanos 6:16).

el futuro. La cuestión es que las normas se establecen porque existe el riesgo de lastimar o perjudicar a otros o a ti misma). Además de enviar mensajes de texto mientras conducen, algunas jovencitas dijeron que estaba bien descargar música de manera ilegal. Otras sentían que estaba bien hacer caso omiso de las leyes que limitan el consumo de alcohol a menores de edad. Detrás de todas esas actividades engañosas está la mentira de que "puedo pecar y quedar impune". Una chica lo expresó de esta manera:

 Sé lo que es correcto, pero en ocasiones prevalece lo que siento por dentro. Para ser franca, a veces actúo según me parece si puedo quedar impune.

Esta puede ser la mentira más elemental que nos dice Satanás acerca del pecado: **Nos hace creer que no seremos descubiertas.** En otras palabras, que no enfrentaremos consecuencias. Dios le había dicho a Adán: "si comes del fruto de este árbol morirás". El mandato era claro: "no comas". Las consecuencias de la desobediencia eran igualmente claras: "morirás".

Después que Satanás sembró en la mente de Eva la duda sobre la bondad de Dios por haberles dado ese mandato, y el cuestionamiento de si Él tenía derecho a controlar su vida, procedió a poner en duda las consecuencias. Lo hizo con un ataque frontal a la Palabra de Dios: *"No moriréis"*, dijo la serpiente a la mujer (Génesis 3:4). El escritor del Salmo 10 señala en tres ocasiones que la razón por la cual las personas desobedecen a Dios es creer que pueden quedar impunes (vv. 6, 11 y 13).

Además, *Satanás nos seduce con los beneficios de nuestro pecado.* En el huerto le sugirió a Eva: "no sólo puedes desobedecer a Dios y evitar las consecuencias negativas, sino que al comer del fruto sin duda disfrutarás de algunos beneficios":

"sino que sabe Dios que el día que comáis de él, serán abiertos vuestros ojos, y seréis como Dios, sabiendo el bien y el mal" (Génesis 3:5).

En cierto sentido, Satanás tenía razón. Según Hebreos 11:25, el pecado sí nos produce un placer momentáneo. Sin embargo, a la postre es una cuota mortal. *No hay excepciones.* La verdad es que el pecado, siendo consumado, da a luz la muerte (Santiago 1:15).

Tomemos, por ejemplo, el caso de un estudiante universitario de 20 años que en este momento aparece en las noticias. Enfrenta el juicio de su vida, porque hace un año adquirió una identificación falsa que le permitía beber de manera ilegal. Cuando salió de una fiesta le pidieron que se fuera porque se había puesto agresivo. Su nivel de alcohol en la sangre era 0.242 (el límite legal permitido para conducir bajo la influencia del alcohol es 0.08. ¡Se había sobrepasado con creces!) A las 2:30 de la mañana se puso tras el volante de su auto. De camino a casa, atropelló a dos jóvenes con tanta fuerza que uno de ellos salió disparado y no sobrevivió. La otra víctima anda en silla de ruedas por un daño cerebral. Como víctima de su propio pecado, este joven enfrentó cargos por homicidio, fue declarado culpable y sentenciado a prisión.

Las consecuencias del pecado son graves. No te burles de las normas, porque existen para protegerte. Aún si las consecuencias no son visibles de inmediato, no puedes infringir las leyes (de Dios o de la sociedad) sin que al final tú o alguien más salga lastimado.

#21 { "No puedo controlarme cuando tengo el síndrome premenstrual". }

Advertencia: No leas esto si tienes el síndrome premenstrual en este momento.

Mientras yo (Dannah) estaba sentada durante mi descanso del almuerzo en décimo grado, tuve un ataque de síndrome premenstrual casi mortal. Esto es, si puede serlo un golpe en la sien con una bolsa de merienda.

Detesto tener que confesarlo, pero ni modos. Durante el almuerzo, en mi secundaria cristiana, hablaba con mis amigas. A la maestra le pareció que hablábamos demasiado fuerte. Confieso que siempre la consideré una agua-fiestas, y de inmediato me resentí cuando nos reprendió. Cualquier otro día mi pecado habría quedado ahí, pero no ese día.

Supongo que en realidad no hablaba en voz tan baja como pensé.

Ella volvió a reprendernos. Tuve esa horrible sensación cuando tu corazón late sin control y empiezas a lagrimear, de rabia o de dolor emocional. Es difícil saberlo. Metí el almuerzo en la bolsa de papel y me dirigí hacia la puerta. Cuando pasaba junto a mi maestra, lancé la bolsa en dirección al cubo de la basura que estaba junto a su escritorio, en un giro espectacular, cual pelota de béisbol.

Fallé el tiro.

La golpeé en su sien derecha.

Sí que estaba en problemas.

Y mis padres no mostraron compasión alguna.

¿Te ha sucedido que el síndrome premenstrual haga desaparecer lo mejor de ti?

Los síntomas pueden variar desde una leve inflamación y calambres, hasta una seria depresión, fatiga extrema, insomnio, dolor de cabeza, ansiedad, antojos de comida, pérdida de coordinación, infecciones urinarias recurrentes o por cándida y, por supuesto, el vistoso y gigantesco brote cutáneo. El síndrome premenstrual es una enfermedad física muy real. Una joven con quien hablamos tuvo que dejar la escuela durante algunos meses porque los síntomas habían empezado a controlar su vida:

RECOMENDACIONES PARA SUPERAR EL DESAGRADABLE SÍNDROME PREMENSTRUAL

Coopera con tu cuerpo cuando sientas que el síndrome premenstrual te mortifica. Durante algunos meses, registra tus síntomas físicos y emocionales y detecta cuándo eres más propensa a pecar (sí, lo llamamos pecado, a secas). Luego, ensaya algunas ideas para principiantes, como por ejemplo:

➡ **Reduce el estrés.** Si está en tus manos hacerlo, evita tomar exámenes importantes en tus peores días del mes. Trata de programar menos compromisos y simplificar tus obligaciones. Dedica más tiempo a estar con Dios y relájate con un baño de burbujas durante tu semana más difícil.

➡ **Haz ejercicio.** Hacer ejercicio con regularidad tiene un profundo efecto sobre la función cerebral y la salud. Busca algo que te guste como jugar tenis, hacer pilates o pasear a tu perro, y sé constante a lo largo del mes. Notarás una mejoría.

➡ **Aliméntate bien.** Si puedes eliminar los altibajos que las bebidas gaseosas, los dulces y los carbohidratos producen en el nivel de azúcar de la sangre, tendrás menos cambios de humor. Si comes más verduras y bebes más agua durante el peor momento del mes (justo cuanto ansías devorar paquetes de Doritos sin parar), te sentirás mejor.

➡ **Escribe un versículo que te ayude a orar por autocontrol.** Te recomendamos el Salmo 19:14 que hemos incluido en la siguiente página para ti.

Si todavía tienes problemas, hazte un examen médico completo. Pregunta si tienes algún problema físico que precise un tratamiento médico.

Durante meses investigamos qué me pasaba. Buscaron afecciones en la sangre, infecciones del tracto urinario y problemas neurológicos. Nada apareció. Yo solo sabía que me sentía agotada, adolorida durante casi todo el mes y que era descortés con mis amigas, en especial con mamá. Resultó que no era más que el síndrome premenstrual.

Con todo, por más reales que sean, los síntomas físicos de cualquier tipo nunca son una excusa para pecar. Al igual que el cansancio no es excusa para justificar la grosería, el odio y los arrebatos emocionales, o la agresión física, el síndrome premenstrual tampoco lo es. Tú no tienes que vivir controlada por tus hormonas.

Tal vez te cueste ejercer el autocontrol en otros momentos del mes cuando simplemente te sientes estresada. ¿Alguna vez sientes que tienes justificación para comer cantidades desproporcionadas de comida chatarra, descuidar tus deberes o tratar mal a tus padres cuando aumentan tus niveles de estrés?

> ## ¡COME CHOCOLATE!
> Sí, sabemos que te gusta. Resulta que en realidad es bueno para ti durante ese momento crítico del mes. Cuanto más oscuro mejor.

A la raíz, la ansiedad es un asunto de creencias. Es más que liberar la válvula de presión haciendo lo que se considera que hace falta. Cuando el estrés nos lleva a comportarnos fuera de control, es como si dijéramos a Dios: "No puedo entregarte mis afanes y esperar que en realidad te hagas cargo de ello". Es un problema del corazón que da lugar a muchos otros síntomas como la ira, el miedo, la preocupación y el insomnio por causa de pensamientos obsesivos. Ya sea que se trate de las hormonas o de tareas pendientes que te arrastran, la respuesta se encuentra en la verdad de Dios.

Tú puedes escoger glorificar a Cristo y llevar todo pensamiento y palabra a la obediencia a Él. La Palabra de Dios nos exhorta a llevar *"cautivo todo pensamiento a la obediencia a Cristo"* (2 Corintios 10:5).

Cuando pones la mira en Jesús y en su Palabra, podrás someter tus emociones a su voluntad. Este es un buen versículo que puedes poner en la pared de tu habitación, en el espejo del baño o en el tablero de tu auto:

"SEAN GRATOS LOS DICHOS DE MI BOCA Y LA MEDITACIÓN DE MI CORAZÓN DELANTE DE TI, OH JEHOVÁ, ROCA MÍA, Y REDENTOR MÍO" (SALMO 19:14).

Dios examina cada palabra y cada pensamiento, aun aquellos que tenemos y hablamos en ese difícil momento emocional que ocurre una vez al mes o en un momento de gran estrés como la semana de exámenes finales. Por la gracia de Dios, puedes elegir cómo responder y cómo expresar tus emociones.

La mentira

La verdad

No puedo vencer mi pecado.

- Eres incapaz de cambiarte a ti misma. Juan 15:5

- Cualquier persona que ha nacido de nuevo es una nueva criatura y tiene el poder de Cristo para vencer el pecado. Romanos 6:6-7

- Cada hijo de Dios cuenta con el Cuerpo de Cristo para ayudarle a vencer el pecado. Santiago 5:16; Gálatas 5:1

En determinadas situaciones está bien infringir leyes o normas si eso no me perjudica a mí ni a los demás.

- Satanás nos seduce con los "beneficios" del pecado. Génesis 3:4; Hebreos 11:25

- Aunque no suframos las consecuencias inmediatas de nuestro pecado, éstas vendrán. Santiago 1:15; Gálatas 6:7

No puedo controlarme cuando tengo el síndrome premenstrual.

- Si bien lo que ocurre en nuestro cuerpo es real, los síntomas físicos nunca pueden ser una excusa para pecar. Santiago 4:17; 2 Corintios 12:9-10

- Por la gracia de Dios puedes llevar cautivas tus emociones, pensamientos y palabras a la obediencia a Cristo. 2 Corintios 10:5b

- Dios examina cada palabra que hablamos y cada pensamiento que se cruza por nuestra mente. Salmos 139:23; 94:11; Mateo 9:4

Aplicación personal

No te sientas condenada. Ninguna condenación hay para ti si estás en Cristo Jesús. Sin embargo, fortalece tu convicción. ¿Cómo? Escribiendo en tu diario algo de verdad. Céntrate en responder estas preguntas:

¿Qué mentiras he sido más propensa a creer acerca del pecado?

¿Qué pasajes bíblicos puedo atesorar en mi corazón para refutar esas mentiras con la verdad?

Milena

Hola amiga! Tienes un momento?

Claro! Qué pasa?!?

Necesito consejo. Acostumbro escuchar música para dejar de pensar… para descansar y relajarme. En realidad no pongo atención a las letras de las canciones. Cuando me fijo en ellas y empiezo a pensar en lo que dicen, me doy cuenta de que no es lo que quiero escuchar, pero ya están en mi cabeza. Creo que esto podría estar afectándome. Qué piensas?

Por supuesto! A veces aparto tiempo para estar con Dios, pero otros días termino oyendo música mucho más tiempo de lo que pensé… eso me quita tiempo con Dios. Así que… creo que te está afectando… y a MÍ también!

Hagamos un plan para dedicarnos en serio a la Palabra de Dios. Biblias abiertas y teléfonos apagados!!

SÍ!!!

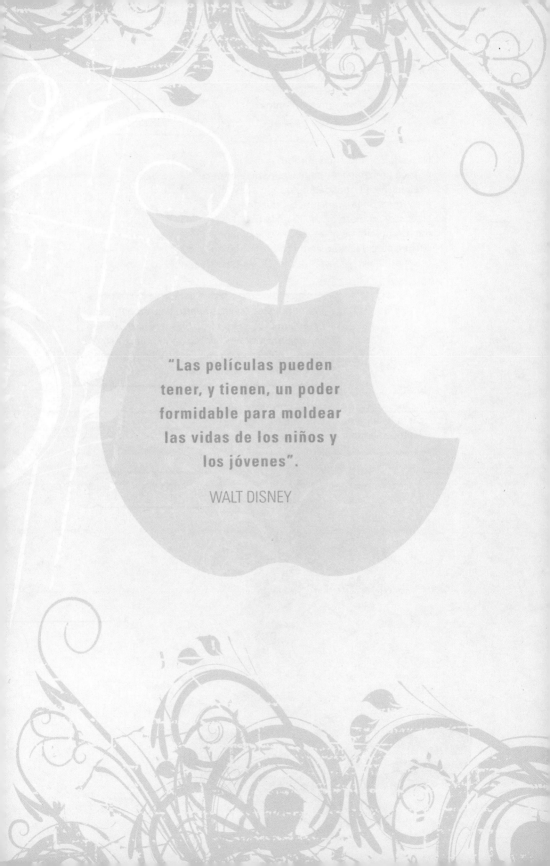

"Las películas pueden
tener, y tienen, un poder
formidable para moldear
las vidas de los niños y
los jóvenes".

WALT DISNEY

Mentiras
acerca de los medios

Hace doscientos años, ¿qué sonidos habrías podido percibir?

Tal vez el sonido de voces humanas, de la naturaleza, de instrumentos musicales. *No* hubieras oído sonidos producidos por artefactos electrónicos porque no había radios, ni televisores, reproductores de DVD, computadoras portátiles, ni música por Internet, ni videoconsolas...

Durante los primeros milenios de la historia, los humanos no fuimos bombardeados por estímulos artificiales ni electrónicos. Además, se tenía más bien poca información disponible. Todo esto ha cambiado en esta era tecnológica en la que vivimos inmersos en una explosión de información y una fuerte sobrecarga sensorial.

En la actualidad, la tecnología ofrece una variedad asombrosa de opciones que tus padres y tus abuelos jamás habrían imaginado cuando eran adolescentes. Esto ha cambiado de manera drástica la forma como nos comunicamos y nos relacionamos con otras personas, y ha hecho posible que nos entretengamos sin parar con juegos, películas, programas de televisión, música, memes y mucho más.

Muchas de ustedes se van a la cama con sus audífonos y se despiertan igual. Después de una ducha rápida, vuelven a conectarlos de camino a la escuela. Durante el trayecto, es posible que revises tus mensajes de texto o hagas una breve llamada desde tu celular. Durante la jornada escolar, es probable que aproveches todas las oportunidades legales —y tal vez algunas ilegales— para revisar tus mensajes de texto o ver cuántos "me gusta" registra tu Instagram. (Un estudio de la UCLA reveló que ansiamos los "me gusta" porque nuestro cerebro recibe una descarga de dopamina, un químico que produce una sensación agradable cuando escuchamos el sonido asociado con éstos o cuando vemos que aumentan).[1]

En casa, te sientas durante horas y horas a ver tu serie favorita o pasas horas en conversaciones muy profundas vía Snapchat (léase con sarcasmo).

Hace poco, Dios me confió un grupo de mujeres universitarias (habla Dannah) para discipularlas. Empecé mi conversación con ellas pidiéndoles que durante dos noches y tres días se apartaran de la locura del mundo para refugiarse en la presencia de Dios y dedicarse a su Palabra. Las llevamos a una linda cabaña en las montañas, junto a un lago. Planeamos durante esos tres días de buscar a Dios hacer fogatas, asar malvaviscos, dar paseos en canoa, sentarse bajo la sombra de los árboles y hacer caminatas. Pensé que a las chicas les alegraría el esmero y las atenciones con los cuales buscamos para ellas un lugar especial, pero dos de ellas en realidad se pusieron histéricas cuando se enteraron de que no habría señal telefónica. Una de las chicas lloró durante una hora. (¿Podemos hablar de adicción?).

Ninguna otra generación ha tenido tanta tecnología a su disposición, y a ti te encanta. No tienes que frecuentar la cafetería local como lo hicieron tus bisabuelos. Tú te encuentras con tus amigos en el ciberespacio. No creemos que la tecnología usada para establecer redes sociales o como entretenimiento sea "mala" en sí. Tiene su utilidad. Pero sí creemos que usarla sin precaución es pisar un terreno muy peligroso. Queremos cerciorarnos de que tú la controlas, y no ella a ti.

Nuestras conversaciones con jóvenes han revelado que este es un tema frente al cual muchas se resisten particularmente al cambio. Puede ser que en este tema sientas deseos de "dejar de prestarnos atención". Por un momento, te invitamos a que hagas una "pausa" de todos tus aparatos, abras tu corazón y consideres si tal vez estás creyendo algunas mentiras en relación con tu uso de los medios. Por ejemplo:

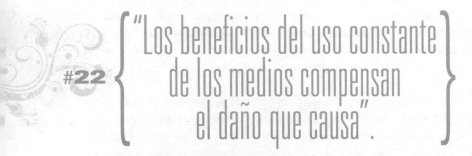

#22 { "Los beneficios del uso constante de los medios compensan el daño que causa". }

Esta fue una de las mentiras en la que más jóvenes coincidieron. Casi todas (el 98%) estuvieron de acuerdo en que sus hábitos mediáticos afectaban de manera negativa su relación con Dios y con los demás. A pesar de eso, creían que los beneficios valían la pena. ¿Qué clase de beneficios?

🍎 *Las redes sociales me conectan con mis amigos.*

🍎 *Me gusta poner música cuando quiero dejar de pensar.*

🍎 *Internet es como leer. Pienso cuando estoy en línea.*

🍎 *En televisión o en YouTube puedo ver chicas lindas y cómo se visten y así me entero de lo que está de moda y me mantengo informada.*

¿Tenemos que seguir? Las chicas mismas confesaron que algunos beneficios eran bastante superfluos y aún así no parecían dispuestas a cambiar sus hábitos mediáticos. Veamos si podemos motivarte a hacerlo.

Primero, *ten presente que Hollywood reconoce el poder de los medios y que muchos de los artistas que han hecho películas y música sienten la necesidad de filtrarla para sus propios hijos.*

Una controvertida cantante de rap reconoce que mandó editar una versión suave y familiar de sus canciones exclusivamente para su hija porque no quiere exponerla al contenido violento, sexual y blasfemo. Muchos de los contenidos a los que ustedes se exponen es suciedad que ni siquiera sus propios productores admiten en sus hogares.

Primero pedimos que las jóvenes respondieran a la afirmación: "Los medios no me afectan". Aunque ninguna estuvo de acuerdo, se evidenció una actitud reticente en cuanto a controlar sus elecciones mediáticas. Así que les pedimos responder a la siguiente: **"Los medios afectan negativamente mi relación con Dios y con los demás, pero sus beneficios valen la pena".** Esto fue lo que dijeron:

98% De acuerdo, siempre o a veces

2% En desacuerdo

Segundo, *debes comprender que tus hábitos mediáticos sí te afectan.* Pregúntale a cualquiera que haya salido a comprar los dulces Reese's Pieces después de haber visto *E.T.* Las ventas de esos dulces aumentaron un 65% después del lanzamiento de la película. (A propósito de dulces, se te acaba de antojar comer algunos, ¿o no?) Con frecuencia, ocurren cambios notorios de comportamiento en los espectadores, como la niñita que lanzó por el inodoro a su pez para liberarlo después de ver *Buscando a Nemo.*[2] Quizá te parezca divertido (no al pez, por supuesto), pero no lo fue cuando dos adolescentes murieron y decenas de personas quedaron heridas cuando imitaron el fatal reto de acostarse en una autopista congestionada después de ver una película sobre fútbol titulada *El Programa.*[3]

Si piensas que eres inmune a cambios de comportamiento por la influencia de tus decisiones mediáticas, piénsalo de nuevo. El novelista de terror Stephen King dijo una vez: "Las películas son el arte más popular de nuestro tiempo, y el arte tiene la virtud de cambiar vidas".[4] No estamos exentas de comprar lo que otros quieren que compremos, de vestirnos como quieren que nos vistamos y de valorar lo que quieren que valoremos. La mayoría de las chicas con quienes hablamos reconocieron este riesgo. Dos de ellas dijeron:

 Estás sentada frente a esa caja desde la perspectiva de un actor externo. Podrías verla durante una hora, luego por dos, ¡miras esa caja! Puede que no hagas todas las conexiones en ese momento, pero verás a una chica linda en quien tantos se fijan y terminarás pensando que si eres igual de linda también se fijarán en ti.

 En realidad yo no presto mucha atención a las letras de las canciones. Tan pronto empiezo a fijarme en ellas y a pensar en lo que dicen, me doy cuenta de que no es lo que quisiera oír. Pero es demasiado tarde. Ya está en mi mente.

GIGO

En los comienzos de la ciencia informática, los programadores desarrollaron la frase: **"basura que entra, basura que sale"** (la abreviatura es GIGO, en inglés). Significaba que todo lo que se programa en la computadora era lo que se obtenía de ella. Si se ingresa información errónea, se obtienen resultados erróneos.

¿Cómo puedes aplicar el concepto de GIGO a los medios de comunicación que eliges para tu consumo? Si lo que dejas entrar en tu mente y en tu corazón determina lo que sale de ti (tu manera de pensar, hablar y vivir), ¿cómo debes evaluar tus preferencias y el uso que das a los medios de comunicación?

Si consumes gran cantidad de música, televisión, Internet y películas, eso te afecta. La cuestión es: ¿será un efecto positivo o negativo? Por lo general, el efecto no se siente de inmediato. Se parece más a una transfusión sanguínea que entra *gota a gota* por tus venas y que poco a poco introduce una sustancia extraña en tu cuerpo. Si la sustancia que entra por ese tubo es tóxica o venenosa, es probable que no sientas los efectos inmediatos, pero una vez que entra en tu sistema es inevitable que todo tu cuerpo se vea afectado.

De igual forma, las consecuencias de exponer tu mente y tu alma a la contaminación mediática se pueden notar mucho después, cuando ya es demasiado tarde y se ha producido el daño.

Todo depende de tu decisión: permitir que los valores, la moral y el pensamiento del mundo se filtren día a día en tu vida, o bien proponerte nutrirla con aquello que te ayudará a ser más sabia y piadosa. Si estás lista para tomar medidas constructivas en lo que respecta a tus preferencias de entretenimiento mediático, estos son algunos pasos iniciales que puedes tomar:

MIRA CON ANTICIPACIÓN LO QUE ELIGES. Revisa tus películas,
series televisivas, revistas, canciones y sitios de Internet. Pregunta la opinión
de una fuente confiable. Tus padres y tu pastor de jóvenes constituyen un
buen punto de partida. También puedes usar servicios de Internet como
PluggedIn.com que ofrece reseñas gratuitas de películas, programas de
televisión y música. Es sabio buscar el consejo de una persona madura y
piadosa, porque te ayudará a guardar tu corazón y tu mente de influencias
impías y te hará rendir cuentas de tus decisiones.

ANALIZA LOS PROS Y LOS CONTRAS DE TUS ELECCIONES. Después de ver los contenidos con antelación, escribe una lista de los aspectos
positivos y negativos de cada recurso. ¿Qué beneficios ofrece a tu vida este
recurso mediático? ¿Cuáles son las desventajas que presenta, en especial
para tu vida espiritual?

ORA AL RESPECTO. Pídele al Señor que te guíe a tomar decisiones
acerca de tus preferencias mediáticas que lo glorifiquen a Él, en lugar de dar
rienda suelta a tus deseos de popularidad, belleza, entretenimiento y socialización.

Si no tomas tus decisiones conforme a un sistema de selección deliberado, terminarás dejándote llevar por la corriente para mirar, oír y comunicarte
como las masas. Pero recuerda que tú no eres las masas. Tú eres la obra
maestra de Dios elegida con un propósito, y su voluntad es que te conserves
pura y libre para que sea Él quien llena tu vida.

#23 { *"No es una pérdida de tiempo . . .
y aunque lo fuera, está bien".* }

Muchas chicas con quienes hablamos calcularon que pasaban entre 25
y 35 horas semanales en la Internet enviando mensajes de texto o mirando
Netflix. Nos pareció interesante que las chicas educadas en casa eran las más
propensas a pasar el mayor tiempo en estas actividades. Muchas creían que
eso estaba bien. He aquí algunos de sus argumentos:

 *Los padres no están acostumbrados a esto. Detesto cuando se enojan y
me dicen: "¡Deja eso ya!". Es así como se comunican las personas de
mi generación.*

Es la forma como puedo estar en contacto con mis amigos.

 Las investigaciones demuestran que los juegos de ordenador te ayudan a desarrollar una gran coordinación visomotora.

Hasta donde sabemos, ninguna carrera deportiva se ha basado jamás en una coordinación visomotora adquirida en juegos de computadora, y las grandes relaciones no se construyen únicamente por medio de mensajería instantánea. Estamos de acuerdo con algunas aplicaciones útiles de los medios y con el hecho de que tu generación se siente a gusto con ellas. Sin embargo, todo debe tener límites.

Un proyecto de ciencia social observó el comportamiento de niños con y sin límites. En la primera parte del estudio se observaron niños durante un recreo escolar en el que estaban rodeados por una gigantesca cerca que limitaba el espacio disponible para jugar. En la segunda parte del estudio observaron niños durante el recreo en otra escuela donde no había cerca, sino un campo abierto que les permitía jugar sin restricciones.

Adivina quiénes cooperaron más durante el juego, tuvieron menos peleas en el recreo y fueron menos propensos a sentir miedo y a llorar durante el descanso.[5]

¡Acertaste! Los niños que jugaron dentro del límite protector de la cerca se divirtieron mucho más en el recreo, e incluso exhibieron un mejor comportamiento en clase después del descanso.

Los límites nos dan seguridad y, curiosamente, son parte esencial de nuestra libertad. Cada vez más investigaciones confirman que las computadoras tienen la temible capacidad de ser adictivas. Es decir, de esclavizarnos. Proverbios 25:16 dice: "¿Hallaste miel? Come lo que te basta". Quizá se entienda mejor dicho de esta manera: "Si encuentras chocolate, come apenas lo suficiente". ¿Has comido alguna vez en exceso hasta enfermarte? ¡Hasta lo bueno en exceso puede hacer daño!

Hay una **RIQUEZA DE ALMA** que no puede cultivarse sin períodos frecuentes de quietud y soledad

Necesitamos límites en cada área de nuestra vida, y esto incluye nuestros hábitos mediáticos, o corremos el peligro de ser afectadas o de "enfermar" nuestra alma y nuestras relaciones. Estos límites tienen que establecerse basados en los principios de la Palabra de Dios y en la voluntad perfecta de Dios para ti.

Yo (Nancy) puedo fácilmente pasar más tiempo en aparatos y en las redes sociales de lo que es sensato o saludable. Podría estar en mi iPhone casi el día entero enviando mensajes de texto, revisando mi correo electrónico, leyendo noticias, mirando *feeds* en las redes, jugando Words con amigos, siguiendo a los Chicago Cubs (¡casarme con un aficionado de toda la vida a este equipo ha cambiado mi vida de muchas formas!), y más.

Mi teléfono puede ser una gran herramienta para estar en contacto con los amigos y mantenerme informada. Sin embargo, la verdad es que con frecuencia termino desperdiciando tiempo y energía valiosos que podrían usarse de manera más productiva. Así, este y otros medios pueden sutilmente robar mi corazón y apagar mi hambre del Señor y su Palabra, y aislarme de mis relaciones interpersonales cara a cara.

Se ha investigado mucho acerca de la manera como nuestros teléfonos y las redes sociales están cambiando nuestras vidas y reprogramando nuestra mente, que en gran parte es negativa. Siendo consciente de cuán adictivas son estas cosas en mi propia vida, me ha parecido importante fijarme límites prácticos para usar mi iPhone. (Mi esposo me ha ayudado con esto. Yo te animaría a dejar que una buena amiga o tus padres te ayudaran pidiéndote cuentas de lo que haces). Por difícil que resulte para mí ejercer autocontrol en esta área, esos límites han demostrado ser una gran bendición, me ayudan a proteger mi corazón de "intrusos" espirituales, a cultivar un mayor fervor por Cristo y a estar más "presente" con los demás.

CONTROL MEDIÁTICO

¿Aún no estás segura si debes controlar tu consumo mediático o darle protagonismo en tu vida? Tal vez para ti sea un simple asunto de fijar mejores límites. Utiliza las siguientes preguntas como guía.

➡ **¿Contradice** la norma de Filipenses 4:8? ("Por lo demás, hermanos, todo lo que es verdadero, todo lo honesto, todo lo justo, todo lo puro, todo lo amable, todo lo que es de buen nombre; si hay virtud alguna, si algo digno de alabanza, en esto pensad").

➡ **¿Te avergonzaría** ver esto con Jesús?

➡ **¿Genera** conflictos entre tú y tus padres?

➡ **¿Es algo** que debas ocultar?

➡ **¿Es algo** que te lleva a aislarte de la familia o los amigos?

➡ **¿Te lleva** a descuidar otras obligaciones?

➡ **¿Tienes** más deseos de buscar relaciones en la red o medios de entretenimiento que de pasar tiempo en la Palabra de Dios o en otras actividades que nutren tu vida espiritual?

➡ **¿Eres adicta?** (Este es un método excelente para descubrir si eres adicta a algún medio de comunicación: deja de usarlo durante 30 días. Si no puedes, ¡eres adicta!)

➡ **Si respondiste afirmativamente** a cualquiera de las preguntas anteriores, pídele al Señor que te ayude a evaluar el uso que das a los medios de comunicación y fija límites sabios que sean agradables a Él y saludables para ti.

Hay algo más que quisiera que tuvieras en consideración. Hemos notado que a las personas que pasan la mayor parte de sus horas de vigilia conectados a algún medio les resulta muy difícil lograr una quietud y tranquilidad suficientes para meditar o dejar que Dios les hable por medio de su Palabra.

Hay una riqueza de alma que no puede cultivarse sin períodos frecuentes de quietud y soledad. Hay una profundidad en nuestra relación con Dios y con los demás que no es posible experimentar salvo con tiempos de conversaciones cara a cara y sin afán.

Puede que Dios no te guíe a a fijar los mismos límites que tenemos nosotras o una amiga tuya. Sin embargo, queremos exhortarte a no "dejarte llevar por la corriente" en lo que respecta a tu uso de los medios. Toma la determinación tú misma de poner límites en cuanto a aquello a lo que te expones y cuánto tiempo pasas a diario o semanalmente en línea, en tu computadora o en mensajes de texto.

La mentira

La verdad

Los beneficios compensan el daño.

- Los medios ejercen una fuerte influencia sobre nosotras. Lo que tú ves y oyes te afectará, para bien o para mal. Lucas 11:34

- Estamos llamadas a tomar decisiones sabias respecto a los medios. Filipenses 4:8

No es una pérdida de tiempo… y aunque lo fuera, está bien.

- Cada área de nuestra vida necesita límites. Filipenses 4:5; Efesios 5:15-17

- Los límites nos proveen libertad y protección. Proverbios 25:16; Gálatas 5:13

- Tenemos que poner límites deliberados a nuestro consumo mediático. Salmo 101:3-4

Aplicación personal

EN REALIDAD NO HAY UNA NORMA ESTABLECIDA EN CUANTO A CÓMO DEBEMOS RESPONDER A ESTA SOCIEDAD TAN MEDIÁTICA.

Tú y tus amigas tendrán que liderar el camino fundamentadas en la verdad. ¿Por qué no empezar a combatir algunas mentiras en tu propia vida con un poco de "terapia" con tu diario? A medida que escribes, concéntrate en responder estas sencillas preguntas:

¿Qué mentiras he sido más propensa a creer acerca de los medios?

¿Qué versículos puedo atesorar en mi corazón para refutar esas mentiras con la verdad?

Lina

Mi madre, UF!! Siempre me dice que quiere que me case con el hombre "perfecto" y que tenga un montón de hijos y cumpla el sueño americano.

Qué aburrido!

No estoy segura de querer eso! Yo soy una mujer muy independiente! Así soy yo.

Tienes razón!! Ya pasó de moda eso de tener familias y niños. Las mujeres deben tener también una profesión! Pero la Biblia resalta el matrimonio y las familias, tal vez tenga razón.

Para mí eso de la familia está sobrevalorado!

Me pusiste a pensar… voy a investigar el tema. Creo que sería interesante. Desearía que no hubiera tanta presión por NO querer una familia.

"Estoy resuelto, en lo sucesivo y hasta que muera, a jamás actuar como si fuera mi propio dueño, sino propiedad entera y absoluta de Dios".

JONATHAN EDWARDS

12

Mentiras
acerca del futuro

Satanás ha atacado la femineidad desde la primera vez que tentó a Eva. En los últimos setenta años, desde que la revolución feminista ha invadido nuestra cultura, se ha ensañado como nunca antes.

El mantra de este movimiento era "las mujeres pueden hacer cualquier cosa que los hombres pueden hacer". Con la convicción de que las mujeres necesitaban los mismos trabajos y salarios de los hombres, personajes como Gloria Steinem empezó a redefinir a *la mujer*. Quemaron algunos sostenes por ahí, firmaron algunas peticiones por allá, y lograron atraer la atención de mujeres y hombres por igual.

Hoy día las mujeres pueden desempeñar los mismos cargos que los hombres, pero nuestra cultura no favorece que esas mujeres den prioridad a su labor de esposas y madres. En su afán por la igualdad, las feministas han desacreditado los conceptos de maternidad y del cuidado del hogar.

Como resultado, nuestra cultura ha sufrido un cambio profundo, y un sinnúmero de vidas y hogares han sido dañados o arruinados.

En ningún aspecto ha sido más notoria esta revolución como en nuestro concepto del matrimonio y la vida profesional. Puede que estos temas no sean relevantes para ti a corto plazo; sin embargo, nos gustaría tratarlos ahora contigo, para lo cual te invitamos a ponerte cómoda para una conversación entre chicas.

#24 { "Tener una carrera fuera del hogar es más valioso y gratificante que ser una 'simple' esposa y madre". }

🍎 *En mi opinión, le dan demasiada importancia a esa idea de la familia.*

🍎 *Lo más importante ya no es una familia y tener hijos. También se espera que las mujeres tengan una carrera.*

 Ya pasó de moda eso de querer un esposo y una familia.

Por desgracia, la mayoría de las mujeres no tienen la menor idea de lo que Dios dice acerca de estos temas. Durante más de cincuenta años, toda nuestra cultura ha sufrido un lavado cerebral con una concepción de la femineidad que es contraria a la Palabra de Dios. (Y puesto que es Él quien creó a los hombres y a las mujeres, ¡Él decide cómo debemos funcionar!). Tu generación no ha tenido muchos modelos ejemplares de mujeres que vivan conforme al designio divino.

Como resultado, a muchas mujeres les ofende la idea de que haya alguna diferencia entre hombres y mujeres (salvo las fisiológicas que son evidentes). Conceptos como femineidad, sumisión o respeto a los hombres les resultan completamente extraños. Muchas mujeres incluso odian a los hombres (algunas como reacción al trato que han recibido de hombres y que es contrario a la masculinidad según Dios).

Aunque en mi juventud (Nancy) no estuve bajo la influencia directa de la filosofía feminista, caí en la tentación de pensar conforme a otra versión igualmente engañosa. Cuando era adolescente tenía un fuerte deseo de servir al Señor. De alguna manera creció en mí la idea de que si yo hubiese sido hombre, Dios habría podido usarme de una manera más poderosa. Me costó mucho entender y aceptar el llamado particular de Dios para mí como mujer.

Después de cumplir 20 años, empecé a escudriñar la Palabra de Dios para investigar por qué Dios había diseñado a los hombres y a las mujeres de

¡ALIMENTA TU ANHELO!

Estas son algunas ideas para que alimentes tu anhelo de ser madre y esposa. Ensaya una hoy mismo.

Realiza un acto sorpresa de amabilidad cuidando los hijos de alguien. No te imaginas la grata sorpresa que será para esa joven madre y lo agradecida que estará cuando llegues con todo tu equipo para cuidar niños y lista para demostrarles tu amor.

Obsequia como regalo anónimo unas galletas recién horneadas. Piensa en alguien que está desanimado, quizás un vecino o una familia conocida. Hornea galletas para ellos, ponlas en la puerta de su casa y corre.

Escribe una carta para Dios. Cuéntale acerca de tus temores con respecto a la maternidad o el matrimonio. Escribe tus esperanzas y sueños. ¡Él quiere oír todo lo que tienes para contarle!

Como tarea escolar, realiza un proyecto en defensa del matrimonio o la maternidad. ¿Tienes que presentar en breve una exposición o un trabajo escrito? ¿Por qué no investigas acerca del designio divino para las mujeres?

manera diferente y por qué les había delegado funciones diferentes. En los años siguientes, el Señor abrió mis ojos a la belleza de su asombroso diseño y plan. En realidad me volví muy agradecida por el privilegio de ser una mujer y me emocionó que me diera la oportunidad de llevar a cabo su llamado para mi vida.

Echemos un vistazo a lo que Él dice.

En Génesis 2:18 encontramos la declaración más evidente de por qué Dios creó a la mujer:

> "Y DIJO JEHOVÁ DIOS: NO ES BUENO
> QUE EL HOMBRE ESTÉ SOLO;
> LE HARÉ AYUDA IDÓNEA PARA ÉL".

Ahí lo tienes: **Dios creó a la mujer para que fuera una ayuda para el hombre**, para completarlo, para suplir sus necesidades. (Quizá digas: "un momento, ahora sí que no me gusta nada". No te detengas aquí). La mujer fue hecha del hombre, para el hombre, y dada al hombre como un regalo de Dios. Junto con su esposo, estaban llamados a amar y a servir al Señor quien los hizo para su gloria.

Aunque Dios aparta a algunas mujeres para servirle en soltería, el matrimonio (entre un hombre y una mujer) es su designio para la mayoría. Y si ese es su plan para ti, no hay un llamado más significativo y satisfactorio que puedas tener.

Hay otra buena razón por la cual Dios nos creó como mujeres. Él quiere que los esposos y las esposas cumplan lo que Él les ordenó en Génesis 1:28. El primer mandato de Dios para ellos fue: *"Fructificad y multiplicaos; llenad la tierra, y sojuzgadla"*.

Juntos, el hombre y su esposa tenían el llamado de llenar la tierra con hijos, los cuales a su vez tendrían los suyos. La mujer fue diseñada y dotada especialmente para dar y sustentar la vida. De hecho, el significado del nombre Eva es "vida".

Por desdicha, estos dos papeles de esposa y madre sufren cada vez más el ataque de nuestra cultura. El resultado es que ni siquiera la iglesia está comprometida a protegerlos. En 1987, solo el 20% de los cristianos consideraban que las mujeres *no* deberían dar prioridad a estos dos roles. En 2007, apenas 20 años después, esta cifra aumentó al 47% de quienes creían que los papeles del matrimonio y la maternidad *no* deberían ser una prioridad para las mujeres.[1] Esa encuesta se realizó hace más de una década. Nuestra experiencia sugiere que esta tendencia ha seguido en aumento.

Hoy día, muchas jóvenes temen casarse (quizá porque no han visto muchos ejemplos buenos). Y cada vez más las jóvenes casadas eligen no tener hijos o postergar la maternidad hasta que han tenido la oportunidad de hacer todo lo que esperan de la vida.

¿Quién protegerá estos papeles tan vitales? Espero que tú lo hagas, y que comprendas la importancia de hacerlo. Ahora bien, somos conscientes de que puedes sentirte un poco incómoda en este momento por la forma como hemos sido programadas por el mundo, cuando la verdad de Dios es tan opuesta. Veamos si podemos presentártela de un modo más amable al observarla desde una perspectiva muy particular.

Yo (Dannah) me senté con Rob, mi hijo de diecisiete años, y con su mejor amigo Ryan, para conocer la perspectiva masculina del tema. Lo que estos dos chicos piadosos me comunicaron fue esclarecedor.

Dannah: Chicos ¿qué piensan que es la esencia de una mujer?

(¡Risas nerviosas seguidas de un silencio de estupefacción!).

Dannah: Está bien, intentémoslo de nuevo: ¿Piensan que está bien que una mujer quiera ser esposa y madre?

Rob y Ryan al unísono: ¡Sí! ¡Por supuesto!

Dannah: ¿Piensan que las chicas de su generación sienten la libertad de anhelar eso?

Rob y Ryan al unísono: No. En absoluto.

Ryan: Es injusto, porque las chicas se sienten presionadas para no ser esposas y madres. No es que ellas sientan la presión para ser profesionales. Es negativo. Es lamentable. La sociedad pone esa presión sobre ellas.

Rob: No es que ellas *puedan* tener una carrera. Es como si *debieran* tenerla.

Dannah: ¿Te parece justo?

Rob: De ningún modo. Si un chico tuviera la actitud de no querer una esposa e hijos, lo considerarían un cretino. No entiendo. Así como se espera que nosotros sintamos el deseo de proteger a una esposa y ser un papá grandioso, las chicas deberían desear casarse y ser excelentes mamás.

¡Eureka! Eso es, ¿no te parece? Si existiera un movimiento masculino que buscara absolver a los hombres de su derecho a ser esposos y padres maravillosos, no tardarían en suprimirlo. Ninguna mujer desearía casarse con un hombre que dijera: "Oye, eres genial y todo, pero yo no voy con ese asunto de la familia. Lo más importante en mi vida será mi carrera. Si te acomoda andar conmigo mientras busco el éxito, pues bien". ¡De ninguna manera! Nosotras queremos a alguien que esté totalmente rendido a nuestros pies por amor y cuyo anhelo sea hacer de nuestra relación el amor terrenal más importante al que jamás aspire.

En mi conversación con Rob y Ryan, este último dijo: "El mundo dice a las chicas que ni siquiera tienen la libertad de elegir si han de ser esposas y madres".

¡Nosotras te decimos que sí la tienes! Tú eres libre para escoger vivir según el papel que Dios diseñó para ti y para disfrutar la aventura, el romance, el amor y las bendiciones que la acompañan.

No solo tienes la *libertad* de abrazar plenamente el designio divino para ti como mujer —que es además un *privilegio* increíble—, sino que como hija de Dios tienes la *responsabilidad* de llevar a cabo su llamado y su propósito para tu vida como mujer. Y para la mayoría de las mujeres eso significa aceptar el matrimonio y la maternidad como su principal misión y llamado que Dios les asigna.

¿Todavía te sientes un poco molesta por todo esto? ¡Tranquila! Queremos que entiendas que no estamos diciendo que no harás otras cosas maravillosas. El modelo de mujer de Proverbios 31 describe primero a una mujer que es una excelente esposa y madre. Sin embargo, también es fabricante, importadora, gerente, agente inmobiliaria, agricultora, costurera, tapicera y comerciante. Es fuerte y exitosa en muchas áreas de su vida. Con todo, su vida gira en torno a su relación con Dios y a su llamado como esposa y madre. Su realización personal y su valor no provienen de sus logros, por impresionantes que sean, sino de someterse al plan de Dios para su vida. Su reverencia a Dios le abre paso a una gran aventura.

¿Quieres una gran aventura?

Nosotras la hemos descubierto al abrazar el plan de Dios para la mujer. Creemos que tú también la descubrirás.

#25 { "Lo que yo hago ahora no afectará mi futuro". }

Mientras escribíamos esto, una célebre joven que alguna vez fue una estrella infantil con rostro dulce estaba (de nuevo) en líos por embriaguez. Las revistas mostraron fotografías de su desmayo en un auto después de una noche de locura en fiestas. Sus fans saltaron de inmediato a defenderla. Una escribió:

🍎 *Tienen que dejar de preocuparse tanto por la chica. Si todos los jóvenes de 20 años fueran llevados a rehabilitación por beber y andar en fiestas, las universidades estarían vacías. Es un rito de iniciación para muchas personas. [Ella] va a estar bien.*[2]

Esa es la mentalidad que prevalece en nuestra cultura. El argumento que presenta es: "lo que tú haces ahora no afecta tu futuro". Creer esta mentira alimenta muchas otras. Por ejemplo, muchas jóvenes con quienes hablamos han dicho que planeaban casarse con un cristiano, pero en vista de que aún no estaban en busca de un cónyuge, podían salir con incrédulos. Ese razonamiento es muy peligroso.

Lo que tú eliges hacer ahora creará hábitos que tendrás que romper en el futuro, o bien serán de provecho para tu vida. Gálatas 6:7 dice: "No os engañéis; Dios no puede ser burlado: pues todo lo que el hombre sembrare, eso también segará". Si tú siembras maíz, no vas a cosechar nabos de la noche a la mañana. De igual forma, cada acción tiene resultados. Si tú siembras para satisfacer tus propios deseos, tendrás una cosecha de consecuencias. Si siembras para agradar a Dios, cosecharás gozo, paz y vida eterna.

> **"TÚ ERES LO QUE HAS HECHO Y LO QUE HACES CADA DÍA".**
>
> Art DeMoss
> *Palabras que dijo a Nancy siendo niña*

Los hábitos son el resultado de las buenas o las malas decisiones que parecen aisladas e insignificantes, y de actos que siembras cuando tienes doce, quince o veinte años. Siempre cosecharás lo que siembras. En este mismo instante estás sembrando. Lo que haces con tu tiempo, tus hábitos alimenticios, tus hábitos de ejercicio, tu manera de hablar con tus padres, de tratar a tus amigos, de gastar tu dinero y trabajar, tus hábitos de sueño… son hábitos que estás desarrollando hoy.

Yo (Nancy) hice muchas elecciones desacertadas en cuanto a mi alimentación en mis años de adolescencia y juventud. Acostumbraba comer con frecuencia en cierta cadena de comidas rápidas. De hecho, pedía una hamburguesa (con doble queso, salsa de tomate y pepinillos) y papas fritas en la ventanilla de autoservicio, y me las devoraba en el camino mientras conducía. Hasta hoy ha sido un desafío muy grande en mi vida desarrollar hábitos alimenticios saludables.

LAS ELECCIONES SÍ IMPORTAN:

los **libros** que lees

las **revistas** que lees

los **programas** de televisión que ves

la **música** que oyes

las **conversaciones** que sostienes

los **amigos** que escoges

la hora de **irte a dormir**

la hora de **levantarte en la mañana**

Las pequeñas costumbres son determinantes.

Hay un hábito que me inculcaron más que cualquier otro en mi hogar (el de Nancy) cuando crecía. *Pienso que no existe un hábito más importante que puedas desarrollar en tu adolescencia que la práctica de pasar tiempo a diario conociendo a Dios por medio de su Palabra.* Cada aspecto de tu vida, a corto y a largo plazo, se verá afectado por este solo hábito.

Estoy muy agradecida porque mis padres fueron ejemplares en esto y me animaron a desarrollar una vida devocional constante desde pequeña. No alcanzo a describir todo lo que este hábito ha significado en mi vida.

No quiero decir que sea fácil. Si bien valoro tanto mi tiempo con el Señor, muchas veces he permitido que en la mañana la almohada, mi computadora y otras distracciones se interpongan, y acabo pasando breves instantes con Él. Pero sé que no puedo ser la mujer que Dios espera de mí si no tengo una relación íntima con Él, y eso exige pasar tiempo a diario oyendo su voz en su Palabra y respondiendo a Él en oración y adoración.

Durante años he exhortado a las mujeres a empezar a cultivar este aspecto de sus vidas con *un compromiso de pasar al menos un momento diario con el Señor y su Palabra en un período de treinta días.* Miles de mujeres han aceptado el desafío, y muchas han escrito para decirme cómo esto ha cambiado sus vidas. ¿Estarías dispuesta a asumir el mismo "desafío de los 30 días"? No se me ocurre un hábito que pueda afectar más tu vida en el largo plazo.

EL DESAFÍO DE LOS TREINTA DÍAS

**Me comprometo a pasar tiempo a diario con el Señor
en su Palabra durante los próximos treinta días.**

Firma _____

Fecha _____

Tan pronto empiezas a experimentar las bendiciones de meditar en la Palabra de Dios y pasas tiempo a solas en su presencia, ¡creo que desearás mantener ese hábito por el resto de tu vida!

La mentira	La verdad
Tener una carrera fuera del hogar es más valioso y gratificante que ser una "simple" esposa y madre.	• No hay nada más valioso ni satisfactorio que hacer lo que Dios ha dispuesto que tú hagas y cumplir con su llamado para ti. Isaías 43:7; 1 Corintios 10:31
	• Para la mayoría de las mujeres, una parte sustancial de su llamado divino es glorificar a Dios por medio del matrimonio. Génesis 2:18; Tito 2:3-4
	• La maternidad es otro llamado vital en el reino de Dios. Génesis 1:28; Tito 2:4
	• Dios puede darte diferentes tareas en diferentes etapas de tu vida. No tendrás que incumplir una prioridad para llevar a cabo otra. Proverbios 31:10-31
Lo que yo hago ahora no afecta mi futuro.	• Tus decisiones presentes forman hábitos, buenos o malos, que te guiarán hacia tu futuro. Gálatas 6:7
	• El hábito más importante que puedes desarrollar es cultivar una relación con Dios en su Palabra y en oración. Salmos 1:2-3; 119:97

Aplicación personal

¿Por qué no las presentas al Señor para que Él pueda realmente dirigir y proteger tu vida? Toma tu diario una vez más y responde estas preguntas:

¿Qué mentiras he sido más propensa a creer acerca de mi futuro?

¿Qué versículos puedo atesorar en mi corazón para refutar esas mentiras con la verdad?

Cómo vencer las mentiras

PARTE
3

"No proveáis para los
deseos de la carne".

ROMANOS 13:14

13

Cómo dejar de alimentar mentiras

Deja de **escucharlas** y de **considerarlas**

Una vez hubo en mi casa una invasión de moscas de la fruta (habla Nancy). Todo empezó cuando unos amigos me preguntaron si podían preparar jugo de uva en mi cocina (¡estamos hablando de alrededor de 140 litros de jugo de uva!). Las grandes cantidades de uvas frescas y las inmensas vasijas llenas de uvas exprimidas atrajeron una horda de estos molestos insectos que al fin subieron hasta mi estudio donde escribía este libro.

Mis amigos conocían bien la solución: pusieron un trozo de banano en el fondo de un vaso (¡a las moscas les encanta la fruta!). Luego hicieron un embudo de papel con un pequeño agujero en la punta y lo pusieron en el vaso con la punta hacia abajo, y sellaron con cinta la parte superior del cono para sujetarlo al borde del vaso. Instalé el dispositivo sobre una repisa junto a mi escritorio, donde esperé y observé mientras seguía trabajando.

Lo que ocurrió en las horas siguientes

EL **CONSEJO** DEL **APÓSTOL PABLO** ACERCA DE ESCUCHAR Y CONSIDERAR MENTIRAS

El apóstol Pablo nos exhorta a pensar en "todo lo que es verdadero, todo lo honesto, todo lo justo, todo lo puro, todo lo amable, todo lo que es de buen nombre; si hay virtud alguna, si algo digno de alabanza" (Filipenses 4:8). Si escuchamos mensajes que nos alientan a ser puras, amables, justas, excelentes y admirables, en eso nos convertiremos. Si escuchamos mentiras que nos impulsan a ser impuras, injustas, engañadoras, indecorosas y deshonestas, lo más probable es que adoptemos esas características.

fue una clara ilustración de lo que hemos hablado en este libro, es decir, de cómo los seres humanos terminamos esclavizados del pecado y "atrapados". Una tras otra, docenas de diminutas moscas eran atraídas hacia el vaso por el olor del banano. Y una a una descendían por el embudo de papel, atravesaban el agujero y caían en el vaso. Y una tras otra terminaban atrapadas, sin poder escapar. Caían atraídas por el banano. Una vez dentro, eran incapaces de salir.

Esto me recordó la descripción de Santiago de cómo opera la tentación en nuestra vida:

Cada uno es tentado, cuando de su propia concupiscencia es atraído y seducido [tal como las moscas de la fruta son atraídas, engañadas y seducidas con el olor del banano]. Entonces la concupiscencia, después que ha concebido, da a luz el pecado [vuelan hasta la trampa]; y el pecado, siendo consumado, da a luz la muerte (Santiago 1:14-15).

Mientras observaba cómo las moscas llegaban al vaso que resultaba ser una trampa mortal, pensé en Eva: cómo contempló ese apetitoso fruto, cuánto placer pensó que podría procurarle y cómo al final sucumbió a su encanto, solo para descubrir que lo que había pensado que la satisfaría en realidad la condujo a su muerte.

Luego pensé en mí misma y en cuántas veces he sido "atraída por el señuelo" y he terminado esclavizada de aquello que había pensado que me haría feliz.

Aunque tal vez ya hayas captado la idea, examinemos dos hechos fundamentales sobre los cuales se basó este libro. Primero:

CREER UNA MENTIRA NOS ESCLAVIZA.

En nuestros primeros capítulos presentamos la progresión de cómo las mentiras nos llevan al cautiverio:

ESCUCHAMOS una mentira. ⟶ **Nos acercamos demasiado.**

CONSIDERAMOS la mentira. ⟶ **Insistimos en ella y ponderamos sus beneficios.**

CREEMOS la mentira. ⟶ **Empezamos a creer que la mentira es verdad.**

ACTUAMOS conforme a la mentira. ⟶ **Pecamos.**

Cuando hacemos elecciones pecaminosas basadas en las mentiras que hemos creído, descubrimos que el enemigo nos ha puesto una trampa mortal y terminamos en esclavitud. En verdad, una joven "es hech(a) esclav(a) del que l(a) venció" (2 Pedro 2:19). Tal vez hayas empezado a notar la misma progresión en tu propia vida.

A lo largo de este libro hemos procurado poner en evidencia al engañador y algunas mentiras que tal vez has creído. Esa es una parte fundamental en el proceso de triunfar sobre las mentiras. Sin embargo, nos hemos trazado una meta mucho más elevada que nos lleva al segundo hecho clave sobre el cual se basó este libro. Queremos que sepas que, sin importar cuán atrapada te sientas en tu esclavitud:

LA VERDAD TIENE EL PODER PARA HACERNOS LIBRES.

¡Libertad! Eso es lo que anhelamos para ti. No nos referimos a ser libre para hacer todo cuanto se te antoja. La verdadera libertad es el poder para hacer lo que Dios quiere que hagas; es ser libre del control de los modos de pensar, las actitudes y los patrones de conducta pecaminosos. Es saber que por la gracia de Dios puedes decir "no" al pecado y "sí" a Dios. En vez de ser esclava de las consecuencias por creer mentiras, puedes ser...

LIBRE | para aceptar la belleza que Dios quiso expresar al crearte como eres.

LIBRE | para disfrutar los alimentos que Él creó.

LIBRE | para esperar el tiempo perfecto de Dios para encontrar al hombre correcto.

LIBRE | para interesarte más en ser una amiga que en tener una.

LIBRE | para ser amable y bondadosa aun en "el momento crítico del mes".

LIBRE | de las heridas del pasado para poder abrazar tu futuro.

LIBRE | para ser la misma persona sin importar con quién estés.

¿Crees que te gustaría experimentarlo?

En esta sección final del libro queremos mostrarte cómo puedes vivir esa clase de libertad.

Para empezar, si has de vencer las mentiras que te han puesto en esclavitud, tienes que dejar de alimentarlas. Eso significa disponerte a no oír ni considerar aquello que puede llegar a ti y que es contrario a la verdad de Dios.

DEJA DE ESCUCHAR LA MENTIRA

Un día, mi hija Lexi y yo (Dannah) cambiábamos de canales de televisión, cuando llegamos al programa *My Super Sweet Sixteen* [Mis súper dulces

16] Puede ser que tú lo hayas visto. El "reality show" hace un seguimiento a quinceañeras malcriadas de cómo planean su fiesta de cumpleaños número dieciséis conforme a una etiqueta de precio con un presupuesto entre los 10.000 y los 500.000 dólares. Una chica planeó una fiesta rosa, con perros lanudos de color rosa, comida rosa y un pastel rosa. Solo le faltaba un auto de color rosa. (Pero espera, ¡ya tenía DOS autos!).

Intrigadas por la evidente insensatez del programa, Lexi y yo lo vimos.

"¿Qué piensas de eso?", le pregunté a Lexi en un corte de comerciales.

"Creo que es una tontería", respondió, lo cual me alegró sobremanera.

"¿Crees que está bien ver ese programa?", pregunté.

"Está bien", respondió indecisa. "Es evidente lo malcriadas que son y que nadie desearía ser como ellas. Solo me asustaría que por ver tanto un programa así, yo empezara a comportarme igual".

¡EXACTO!

Exponerte a mentiras, sin importar cuán inocentes parezcan, es el primer paso para creerlas. La regla número uno para triunfar sobre las mentiras es: *deja de escucharlas*.

Examina lo que permites que entre en tu mente a través de la televisión, las películas, la Internet, la música e incluso las conversaciones con amigos. Puede parecerte que no te hará daño exponerte a modelos impíos de pensamiento en esos medios, pero quizá no te des cuenta con qué sutileza pueden influir en tu pensamiento esas filosofías engañosas. Por eso Dios promete una bendición especial a quienes no andan "en consejo de malos" ni están "en camino de pecadores" ni "en silla de escarnecedores se ha[n] sentado" (Salmo 1:1).

(Si las mentiras que más te preocupan son aquellas a las que no has elegido exponerte, como cuando uno de tus padres te dice que eres estúpida o una abuela insiste en que tu nueva fe no es más que una "muleta" pasajera. Es posible que no puedas evitarlas, pero sí puedes detener su progreso. ¡Presta atención a lo que sigue!)

DEJA DE CONSIDERAR LA MENTIRA

Si escuchar es el primer paso para exponerse a una mentira, considerarla es el siguiente. Escuchar es como un aviso momentáneo, y a menudo una exposición curiosa. Considerar supone una mirada fija e intencional, es dejar que esa mentira se introduzca en tu vida, ya sea en sentido literal o figurado.

Melissa Moore, hija de la maestra bíblica Beth Moore, sabe algo acerca de lo que significa considerar una mentira. Durante su primer año de secundaria, Melissa fue seducida por la industria de la moda y se volvió obsesiva con la moda, las revistas de moda y la talla corporal. Al leer esas revistas de moda, creyó la mentira de que la belleza se mide según lo que una persona pesa… o mejor, lo que *no* pesa. Escuchó la mentira.

Luego, empezó a considerarla. Cubrió las paredes de su habitación con recortes de revistas. Ella recuerda:

 Las paredes estaban cubiertas de recortes de revistas de Elizabeth Hurley y Kate Moss. Las pegué en mis paredes como recordatorio de que tenía prohibido comer y que yo era gorda. Siempre observaba las imágenes con un profundo sentimiento de indignidad y vergüenza.[1]

Cuanto más meditaba en esas y otras mentiras, más empezaba a creerlas y a actuar conforme a ellas. Se hundió de cabeza en un extenso período de ayuno hasta que logró ser "esquelética, famosa y absolutamente infeliz".

No es difícil ver cómo llegamos a considerar las mentiras. Puede que hayas puesto imágenes de modelos esqueléticas en las paredes de tu habitación. Quizá las imágenes no sean de chicas con quienes te comparas, sino de chicos que te inspiran lujuria. Tal vez visites con regularidad sitios de Internet que te enseñan cómo cortarte el cuerpo o atracarte de comida. Quizá llenes tu casillero de comida basura y solo esperas que suene la campana para salir corriendo a McDonald's.

Si quieres ser libre de la esclavitud de esas mentiras, tienes que dejar de alimentarlas y considerarlas. Lo más probable es que esto precise un cambio en tu vida diaria. Tal vez por un tiempo debas abstenerte de ir de compras para dominar tu impulso por comprar lo que no necesitas o no puedes pagar (y terminar en la esclavitud de una deuda por el uso de tarjetas de crédito). Quizá necesites deshacerte de tu teléfono celular durante unas semanas para dejar de vivir en función de tus mensajes de texto.

Cuando por fin Melissa se dio cuenta de lo que esos recortes de revista le estaban causando a su espíritu, ella y su madre tomaron medidas drásticas: arrancaron de las paredes esas imágenes. Con mucha oración, consejería y disciplina, ella pudo recuperar algo de peso y poner fin a un desorden alimenticio que estaba fuera control.

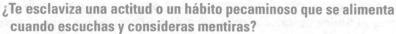 **¿Te esclaviza una actitud o un hábito pecaminoso que se alimenta cuando escuchas y consideras mentiras?**

Mientras sigas atacando las ramas y no la raíz del problema, seguirás en derrota. Tu verdadero problema no es tu imagen equivocada de ti misma, ni tener sexo con tu novio, ni mentir. Esto no es más que lo que fue para Eva una fruta. Hay mentiras subyacentes que has creído y que te han vuelto susceptible a caer en estas formas de esclavitud. Si quieres experimentar libertad, tienes que identificar cuáles son esas mentiras y eliminar todo lo que las ha alimentado hasta ahora.

¿Ves cómo funciona?

Pues bien, ponlo ahora mismo en práctica en tu vida.

DE LA ESCLAVITUD A LA LIBERTAD

Ser libre de la esclavitud no es algo que ocurra de la noche a la mañana, sino que es un proceso continuo. Estos son tres pasos que te ayudarán en ese proceso:

1. IDENTIFICA las áreas de esclavitud y de conducta pecaminosa.

2. IDENTIFICA la(s) mentira(s) que son la raíz de esa esclavitud.

3. REEMPLAZA la(s) mentira(s) con la verdad.

En los últimos capítulos hablaremos más acerca de cómo refutar las mentiras con la verdad. Pero primero dedica un momento a pensar en los dos primeros pasos.

¿Qué área(s) de esclavitud y de conducta pecaminosa puedes identificar en tu vida? *Ejemplo: enviar textos de connotación sexual.*

. . . .

. . . .

. . . .

. . . .

. . . .

La raíz de cada área de esclavitud o conducta pecaminosa en nuestra vida es una mentira —algo que hemos creído y que no se conforma a la Palabra de Dios. Vuelve al índice y echa un vistazo a las mentiras que hemos tratado en el libro. **Identifica una o más mentiras del libro (u otra que el Señor te haya mostrado) y que tú reconoces que has creído.** (Quizá desees preguntarle a un amigo experimentado en la fe o a un consejero que te ayude a detectar la mentira que afecta tu comportamiento). *Ejemplo: "Necesito tener un novio".*

. . . .

. . . .

. . . .

. . . .

. . . .

Anota las diferentes maneras como has alimentado esa mentira oyéndola o considerándola. *Ejemplo: Pasar demasiado tiempo con amigas no cristianas que viven obsesionadas con los chicos y que leen revistas para jovencitas.*

. . . .

¿Qué necesitas hacer a partir de este momento para evitar oír o considerar esa mentira? *Ejemplo: Tengo que empezar a pasar más tiempo con mis amigas cristianas, en especial con _____ porque ella realmente está decidida a esperar el tiempo de Dios para conocer al chico de su vida. Hoy voy a quemar mi pila de revistas de CosmoGirl. Quizás invite a _____ a acompañarme a hacer la hoguera.*

. . . .

Para cerrar este capítulo, ora específicamente para que Dios te dé la gracia para emprender las acciones que acabas de anotar. Pídele que empiece a liberarte del poder de cualquier mentira que has creído.

"Porque cual es su pensamiento en su corazón, tal es él".

PROVERBIOS 23:7

14

Cómo ser libre de las mentiras

Reemplaza las **mentiras** con la **verdad**

Justo mientras escribíamos este libro, pasamos por momentos en los que nos hallamos creyendo y actuando conforme a algunas de las mismas mentiras que hemos tratado. Una semana, yo (Dannah) viajé a Nueva York y me encerré en un hotel para poder concentrarme en escribir. ¡Qué semana!

Gocé de una comunión con Dios tan maravillosa que empecé a hacer un ayuno parcial que no había planeado. Tomé agua y comí verduras, frutas y granola como meriendas. Cuando escribo, acostumbro tomar largos descansos y buscar un lugar de mi predilección para comer. ¡Esa semana no! Estaba tan sensible a la presencia del Señor que no quise salir de esa habitación en tres días. Mientras escribía sobre las mentiras acerca de la imagen corporal, las relaciones, la iglesia y otros temas, sentí una inusitada cercanía con el Señor. (¡Y la granola nunca me había parecido tan sabrosa!)

Mientras conducía de regreso a casa al final de esa temporada, me asediaron pensamientos y sentimientos que no había experimentado en años. Cada pensamiento penetraba hasta lo más hondo de mi ser:

➡ *"Eres gorda"*.

➡ *"Eres fea"*.

➡ *"No tienes nada qué aportar"*.

➡ *"No eres gran cosa, Dannah"*.

En cuestión de horas, caí de aquella gran cercanía al Señor y me hundí en un foso donde reviví lo que parecía el raudal completo de emociones

negativas e inseguridad de toda mi vida. ¡Se trataba en su mayoría de mentiras sobre las cuales te acababa de alertar en este libro!

¿Has sentido algo parecido? ¿Has abrigado alguna vez pensamientos que
aplastan tu espíritu? ¿Qué haces? Yo sé lo que hice.

Corrí a buscar mi Biblia. Fui directo a casa y la abracé mientras me tendía
en el suelo ante el Dios del universo y le pedí que me mostrara su verdad para
vencer esas mentiras. Escudriñé mi Biblia en busca de versículos específicos
para orar en voz alta y escribir en mi diario de oración. Además, esa noche
asistí a un culto especial de adoración en mi iglesia para que mi mente y mi
corazón fueran "lavados" por la verdad. Cuando iba a acostarme, ya no sentía
la pesadez repentina que me había invadido. Había sido liberada.

Queremos que tú experimentes esa clase de libertad. Una sola cosa tiene
el poder de hacerte verdaderamente libre: ¡la verdad!

En el último capítulo hablamos acerca de los dos primeros pasos para
pasar de la esclavitud a la libertad:

1. **Identifica las áreas de esclavitud y de conducta pecaminosa.**

2. **Identifica la(s) mentira(s) que son la raíz de esa
esclavitud.** Deja de alimentar esas mentiras escuchándolas y con-
siderándolas.

 Ahora pasemos a lo que puede ser el paso más importante para
hallar la verdadera libertad:

3. **Reemplaza la(s) mentira(s) con la verdad.** Eso es lo que
yo (Dannah) hice cuando volví a casa después de esos días que pasé
en un hotel en Nueva York, cuando fui bombardeada con mentiras.
¡Rebatí las mentiras con la verdad de la Palabra de Dios! Hemos visto
que este principio ha funcionado de manera evidente en muchísimas
vidas.

¡LA VERDAD TE HACE LIBRE!

Hace poco, yo (Dannah) recibí una carta de una joven que luchaba con un
secreto vergonzoso y hondo que la atormentaba. A pesar de creer que "ninguna" de sus amigas luchaban con eso, parece que muchas adolescentes y
mujeres me han pedido consejería por el mismo problema. Lee con atención.
La carta decía:

 *He tenido altibajos con este problema demasiadas veces, y no he podido
encontrar a alguien con quien hablar al respecto, porque sé que ninguna*

de mis amigas tiene este problema. Cuando cumplí 13 años tuve algunas luchas realmente serias con la masturbación. Siempre supe que estaba mal, pero sentía que era la única manera de poder ser normal frente a mis amigas que tenían una vida sexual activa.

Entonces me convertí a Cristo y dejé de hacerlo durante mucho tiempo. ¡Ni siquiera luchaba con eso! Asistí a tu estudio bíblico durante un tiempo y fue asombroso porque ya era libre. Sin embargo, el año pasado el mismo problema volvió a aparecer. He dicho a Dios una y otra vez que no quiero esto, pero ha vuelto.

Tú eres la primera persona a quien he contado esto, así que es muy difícil para mí. En realidad tu sabiduría podría ayudarme mucho en mi situación. ¡Gracias por escucharme!

Esta joven intuía que la masturbación no le agrada al Señor. Dios diseñó el sexo y nuestras respuestas sexuales para que podamos disfrutarlos en el contexto del matrimonio. Aunque la Biblia no da un mandato específico respecto a la masturbación, sí prohíbe la actividad sexual fuera del matrimonio. El sexo nunca fue diseñado como una actividad solitaria. Además, si somos francas, tenemos que admitir que la lujuria —que la Biblia sí condena claramente— casi siempre está ligada a la masturbación.

LOS **DIEZ MEJORES** LUGARES DONDE PUEDES SITUAR LOS **PASAJES BÍBLICOS** PARA VENCER LAS MENTIRAS

10.

Si tienes auto, el espejo retrovisor.

9.

La contraportada de tu Biblia.

8.

Tu fiambrera, si todavía usas una.

7.

La habitación de tu mejor amiga para que ella pueda leértelos.

6.

El bolso de tu mamá, en caso de emergencia.

5.

Tu casillero.

4.

Tu *feed* de Instagram o perfil de Facebook para que todos los vean.

3.

Tu computadora.

2.

El espejo de tu baño.

1.

Junto a tu cama.

ABRAZA
LA VERDAD

Amanda Libby, bloguera invitada a
LiesYoungWomenBelieve.com

Dannah y Nancy hablaron acerca de
la necesidad de abrazar la verdad.
¡Abrazar la verdad ES abrazar a CRISTO!
Cuando acudimos a Jesús, nuestras
mentes se redirigen a Él. Nuestros
sentimientos y emociones puede
que tomen más tiempo, pero nuestra
decisión puede basarse en la solidez de
la Palabra de Dios y de su Hijo.

Mi mamá resumió en tres palabras la
idea de cómo debemos *esforzarnos* por
recordar permanecer en la verdad:

Renuncia

Entrega y

Sumisión

Nuestro esfuerzo debe enfocarse en
renunciar y en entregarnos a Dios por
completo. Esta es la esencia de nuestra
sumisión a Dios.

Puede parecer que las mentiras
nos devoran, por dentro y por fuera.
Pero ¿cómo podemos combatirlas?
¡Sometiéndonos a Jesús! Él cambiará
esas mentiras por verdad. Jesús es más
grande que las mentiras. Él es **verdad.**
Cree la verdad. *Cree a Jesús. ¡Sé libre!*

En mi respuesta a esta joven,
expliqué cómo lo que se hace en
secreto es un caldo de cultivo para
el pecado, y le sugerí que abriera
su corazón a una amiga mayor y
más sabia que pudiera orar por
ella y animarla a batallar. Le dije
que aunque esta batalla podría
no ser tan fácil o ganarse rápida-
mente —aun durante muchos
años— por la gracia de Dios ella
podía vencer ese pecado.

Después de volver a comuni-
carnos, se hizo evidente que el
problema empeoraba siempre
cuando ella se desconectaba
de Dios. Cuando dejaba de orar,
asistir a estudios bíblicos y leer la
Palabra, se sentía asfixiada por la
tentación. Cuando experimentó
la salvación por primera vez y
cuando fue constante en buscar
la Palabra de Dios, tuvo menos
tentaciones o éstas desaparecie-
ron. ¿Te parece paradójico? En
realidad no lo es.

La verdad no es una simple
idea o filosofía. La verdad es una
persona: el Señor Jesucristo.
Él dijo de Sí mismo: "Yo soy el
camino, y la verdad, y la vida"
(Juan 14:6). La verdadera libertad se encuentra en una relación
vital y creciente con el Señor
Jesús. Él se ha revelado a Sí
mismo (la Palabra viva de Dios)
en las Escrituras (la Palabra
escrita de Dios). Mantenerse
en contacto permanente con la
Palabra de Dios, tanto la Palabra
viva, como la Palabra escrita, ¡te
traerá libertad!

[Mentiras que las jóvenes creen]

REEMPLAZA LA(S) MENTIRA(S) CON LA VERDAD

Cuando nosotras (Dannah y Nancy) vemos que nuestras mentes y emociones se llenan de cosas que sabemos que son contrarias a la forma de pensar de Dios, tratamos de detenernos y de identificar la verdad que refuta esas mentiras. Es decir, buscamos versículos específicos para cada situación. También repetimos la verdad a nosotras mismas, a veces en voz alta si es necesario, hasta que la verdad desplaza y reemplaza las mentiras que hemos llegado a creer.

Por ejemplo, yo (Nancy) recuerdo una reunión de nuestro ministerio en la que salieron a flote con gran animosidad algunos asuntos que se venían gestando hacía tiempo. Uno de mis colegas hizo algunas afirmaciones acerca de mí que me parecieron falsas y en extremo perjudiciales. Me sentí desolada.

Esa noche, cuando volví a casa, me derrumbé. Lo único en lo que podía pensar era cuán equivocada estaba la otra persona y cuán herida me sentía yo. Empecé a obsesionarme con la idea de buscar la manera de defenderme. Me precipité en un espiral de ira y autocompasión y empecé a creer mentiras como:

- Esa persona tenía la intención de herirme.
- ¡No merezco eso!
- Fue error de esa persona y yo soy completamente inocente.
- No puedo perdonarlos.
- El daño es irreparable.
- Nuestra relación nunca será restaurada.
- Tengo el derecho de defenderme para que otros conozcan la verdad.

¿HAS SENTIDO QUE LAS MENTIRAS TE BOMBARDEAN?

Creer esas mentiras resultó en horas de angustia. ¿Te ha ocurrido lo mismo? ¿Te sientes así en este momento? ¿Has sentido que las mentiras te bombardean por una relación rota debido a una ofensa?

La mañana siguiente abrí mi Biblia y empecé a leer donde había quedado el día anterior, en el evangelio de Mateo. Fue entonces que me estrellé de frente con la verdad:

BIENAVENTURADOS LOS MANSOS…
BIENAVENTURADOS LOS MISERICORDIOSOS,
PORQUE ELLOS ALCANZARÁN MISERICORDIA…
BIENAVENTURADOS LOS PACIFICADORES…

**Pero yo os digo: No resistáis al que es malo; antes,
a cualquiera que te hiera en la mejilla derecha,
vuélvele también la otra… Amad a vuestros enemigos…
y orad por los que os ultrajan y os persiguen…**

PORQUE SI PERDONÁIS A LOS HOMBRES
SUS OFENSAS, OS PERDONARÁ TAMBIÉN
A VOSOTROS VUESTRO PADRE CELESTIAL;
MAS SI NO PERDONÁIS A LOS HOMBRES
SUS OFENSAS, TAMPOCO VUESTRO PADRE
OS PERDONARÁ VUESTRAS OFENSAS.

(Mateo 5:5, 7, 9, 39, 44; 6:14-15)

Ahora tenía que elegir: ¿seguiría creyendo las mentiras o abrazaría la verdad? Ahí empezó la verdadera batalla. Yo quería guardar resentimiento y seguir enojada. Quería de algún modo herir a la persona que me había hecho daño. Pero en mi corazón sabía que esto solo me mantendría cautiva.

Me arrodillé delante del Señor y, con la Biblia abierta frente a mí, me enfrenté con la verdad. Yo sabía que tenía que perdonar, que debía dejar libre al ofensor y la ofensa. Aunque sentía que me era imposible perdonar, en lo profundo de mi ser sabía que la cuestión no era que yo *no podía*, sino que *no quería* perdonar.

Sabía que para andar en la verdad tenía que renunciar a cualquier derecho, aun al de vengarme o al de rehusar amar a esa persona. Yo elegí andar conforme a la verdad. Mis emociones no cambiaron de inmediato, pero en el transcurso de las semanas siguientes Dios sanó mi corazón y me liberó por completo.

La disciplina de reemplazar las mentiras con la verdad requiere tiempo y compromiso. Puede que necesites renovar tu mente anotando, memorizando y repasando con regularidad versículos específicos para tratar determinadas áreas de esclavitud en tu vida. Sin embargo, déjame decirte que la libertad que experimentas al final bien vale todo el esfuerzo.

ELIGE ANDAR
CONFORME
A LA
VERDAD.

En el capítulo siguiente, queremos **equiparte** con algunas **verdades específicas** que te ayudarán a **batallar** contra muchas de las **mentiras** que puedes encontrar en tu camino.

"En Cristo y en su Palabra
encontramos la verdad que
nos hace libres. ¡Esa es
una buena noticia!".

NANCY DeMOSS WOLGEMUTH
*MENTIRAS QUE LAS
MUJERES CREEN*

La verdad que nos hace libres

Verdades poderosas para refutar mentiras cotidianas

En nuestro capítulo final queremos subrayar veintidós verdades que creemos transformarán tu vida de manera radical si decides creerlas y abrazarlas. Son las verdades clave que hemos citado una y otra vez.

¿PODRÍAS HACERNOS UN FAVOR? En vez de hojear este capítulo, dedica tiempo a meditar en estas verdades liberadoras y transformadoras.

En los días que siguen, vuelve a revisar esta lista cada vez que descubras que estás creyendo mentiras. Deja que la verdad de Dios empiece a reemplazar las mentiras y renueve tu mente y tu corazón. ¡Meditar en la verdad cambiará tu manera de pensar, de reaccionar y de vivir!

1 Cuando tienes un día muy malo y te sientes tentada a creer que Dios no es bueno

Dios es bueno (Salmos 119:68; 136:1). Cuando todo va bien es fácil creer que Dios es bueno, pero si peleas con tu mejor amiga o te abandona tu novio, el enemigo aprovechará para hacerte dudar de la bondad de Dios. La verdad es que, pase lo que pase o sientas lo que sientas, Dios es bueno, y todo lo que hace es bueno.

2 Cuando te sientes lejos de Dios y es tentador sentir que no te ama

Dios me ama y quiere que goce de sus mejores bendiciones para mí (Romanos 8:32, 38-39). Dios no nos ama porque seamos personas dignas o encantadoras, sino porque Él es amor. Nada podemos hacer en absoluto para obtener o merecer su amor. Somos incapaces de comprender en su totalidad el amor incondicional de Dios, porque ningún ser humano podrá jamás amarnos perfectamente ni suplir las necesidades más profundas de nuestro corazón. Si creemos que el amor de Dios es real y lo recibimos, éste transformará nuestra vida.

3 Cuando te sientes fea o gorda

Soy una obra formidable y maravillosa (Salmo 139:14). Aunque de vez en cuando tendrás días en los que te sentirás horrible, Dios no deja de considerarte su obra maestra. Él te formó tal cual eres, con precisión y propósito.

4 Cuando te sientes rechazada

Soy acepta en Cristo (Efesios 1:4-6). Puede que hayas sido rechazada por uno de tus padres, un amigo o un chico que te agradaba. Pero si eres seguidora de Cristo, Dios te acepta. Él no necesita nuestros logros para aceptarnos. Aunque somos pecadoras, podemos presentarnos delante de Dios limpias y libres de vergüenza, siendo aceptadas por Él. ¿Por qué? Porque Jesús, el Hijo de Dios puro y sin pecado, es acepto ante Él, y Dios nos acepta por medio de Jesús.

5 Cuando sientes que necesitas más "cosas" y que tus deseos te consumen

Dios es suficiente (Salmo 23:1). *"Jehová es mi pastor; nada me faltará"*. Es probable que conozcas ese versículo de memoria. Pero ¿has pensado alguna vez en lo que significa? Como un pastor cuida de sus ovejas, Dios ha prometido suplir todas las necesidades de sus ovejas. La verdad es que si lo tenemos a Él, tenemos todo lo que necesitamos.

6 Cuando te preocupan tus circunstancias

Puedo confiar en Dios (Isaías 28:16). Dios cumple sus promesas, y Él ha prometido que nunca te desamparará ni te dejará (Hebreos 13:5). Él ha prometido que quienes confían en Él nunca serán avergonzados (Salmo 22:5). Cuando te sientes temerosa o ansiosa por alguna circunstancia o problema, recuerda que Dios nunca ha fallado (Salmo 56:3), y que eso no va a cambiar ahora.

7 Cuando sientes que algo que te ha sucedido arruinará tu vida para siempre

Dios no comete errores (Isaías 46:10). En ocasiones, otras personas cometen graves errores que nos afectan. Pero si pertenecemos a Cristo, Él sostiene nuestra vida y nada puede tocarnos sin antes haber pasado primero "por sus manos amorosas". Eso no significa que no tengamos problemas, pues los tendremos. Pero si enfrentamos esos desafíos como algo que proviene de sus manos, Él los usará para acercarnos más a Él y hacernos más semejantes a Jesús.

8 Cuando sientes que no puedes manejar un problema que enfrentas

La gracia de Dios es suficiente para mí (2 Corintios 12:9). Como hijas de Dios nunca enfrentaremos un problema que su gracia no pueda ayudarnos a manejar. Aun cuando parece que el pecado nos domina, su gracia sobreabunda (Romanos 5:20). Cuando somos débiles, Él es fuerte. Cuando estamos vacías, Él sacia. Cuando se agotan nuestras fuerzas, las de Él siguen rebosando. Sea cual sea la situación actual que enfrentes, su gracia es suficiente para ti.

9 Cuando sientes que tu pecado es demasiado grande para que Él te perdone

La sangre de Cristo es suficiente para cubrir mi pecado (1 Juan 1:7). No existe un pecado que hayas cometido o que puedas cometer que el sacrificio omnipotente de la sangre de Jesús no pueda perdonar y cubrir. Esto no debe llevarnos a pecar con más ligereza. Más bien, el hecho de comprender que nuestro pecado llevó al Señor Jesús a derramar su sangre debe motivarnos más a obedecer a Dios, por el poder del Espíritu Santo que mora en nosotros.

10 Cuando sientes que nunca podrás vencer un hábito pecaminoso

La cruz de Cristo es suficiente para conquistar mi carne pecaminosa (Romanos 6:6-7). Por medio de la muerte de Cristo y de nuestra relación con Él, hemos sido liberadas del poder del pecado. Si pecas no es porque no pudiste evitarlo, sino porque escogiste someterte a tu antiguo amo. La verdad es que nosotras no estamos obligadas a pecar, y que cualquier hábito pecaminoso en nuestra vida puede acabarse con el poder de Cristo que mora en nosotras (Romanos 6:14).

11 Cuando sientes que tu potencialidad está limitada por tu pasado

Mi pasado no tiene que controlar mi futuro (1 Corintios 6:9-11; 2 Corintios 5:17; Filipenses 3:12-14). Satanás trata de convencernos de que nuestras experiencias y fracasos pasados nos hacen indignas, o que siempre tendremos que llevar la carga de nuestro pasado. Pero si eres discípula de Jesucristo, la sangre de Jesús te ha limpiado y te ha apartado para sus propósitos santos. La verdad es que nuestro pasado, como las ofensas que hemos cometido y lo que hemos sufrido por causa de otros, no tienen que limitarnos. De hecho, por la gracia de Dios, pueden convertirse en verdaderos caminos hacia una mayor bendición y capacidad de servicio espiritual.

12 Cuando sientes que no sabes dónde buscar ayuda y consejo

La Palabra de Dios es suficiente para guiarme, enseñarme y sanarme (Salmos 19:7; 107:20; 119:105). La Palabra de Dios es viva y poderosa. Puedes depender de su Palabra para cambiar tu vida, para liberarte de la esclavitud y para recibir revelación sobre el plan de Dios para ti. Sean cuales sean tus circunstancias o tu necesidad, la Palabra de Dios es suficiente para suplir esa necesidad.

13 Cuando sientes que Dios te pide hacer algo que es imposible

Por medio del poder de su Espíritu Santo, Dios me facultará para hacer todo lo que Él me ordena (1 Tesalonicenses 5:24; Filipenses 2:13). Dios no nos manda hacer algo sin darnos también su gracia para llevarlo a cabo. Por ejemplo, eso significa que

- No hay una persona a quien no puedas amar (Mateo 5:44)
- Tú puedes dar gracias en todo (1 Tesalonicenses 5:18)
- No hay alguien a quien no puedas perdonar (Marcos 11:25)
- Tú puedes tener una vida sexual pura (1 Tesalonicenses 4:3-4)
- Tú puedes honrar a tus padres y responder con obediencia a su autoridad, aun si estás en desacuerdo con ellos o a pesar de la imperfección de ellos (Efesios 6:1-3)

Si dependemos de la gracia de Dios y del poder de su Espíritu, ¡podemos tomar la determinación de ser obedientes, sin importar cuán difícil sea el mandato!

[Mentiras que las jóvenes creen]

14

Cuando quieres culpar a otros por tus reacciones

Yo soy responsable delante de Dios por mi comportamiento, mis respuestas y mis elecciones (Ezequiel 18:19-22). Aunque tal vez no podamos controlar lo que nos sucede, sí podemos controlar nuestra respuesta a los sucesos que Dios permite que ocurran. Cuando dejamos de culpar a otras personas y las circunstancias por las conductas pecaminosas o los hábitos negativos en nuestra vida y empezamos a asumir nuestra responsabilidad por nuestras decisiones, seremos libres de sentirnos como víctimas indefensas. Seremos libres para obedecer a Dios sin importar cuáles sean nuestras circunstancias.

15

Cuando te inclinas a pensar que tus decisiones presentes carecen de importancia

Mis decisiones presentes afectarán mi futuro (Gálatas 6:7-8). Las decisiones que tomas hoy tendrán consecuencias futuras no solo en tu propia vida, sino en la de aquellos que vienen después: *"No os engañéis... todo lo que el hombre sembrare, eso también segará"* (Gálatas 6:7). Cada decisión egoísta, pecaminosa o desmedida que tomamos hoy volverá a nosotros como una cosecha, que siempre viene aunque no sea inmediata. La buena noticia es que tú eres joven, y que todavía puedes tomar buenas decisiones que te reporten una buena cosecha.

16

Cuando quieres oponerte a una autoridad o sientes que la sumisión te roba tu libertad

La mayor libertad que puedo experimentar se halla en someterme a la autoridad establecida por Dios (Efesios 5:21). Cuando nos oponemos a la autoridad nos volvemos más susceptibles a los ataques de Satanás y al pecado. Por el contrario, cuando nos disponemos a tomar nuestro lugar bajo la autoridad de aquellos que Dios ha puesto sobre nosotras, Dios nos cubre con su protección. Asimismo, revelamos al mundo la belleza del orden establecido por Dios y proclamamos su derecho de regir el universo. Lo mejor de todo es que Satanás fracasará en su intento de destronar a Dios, y nosotros cooperamos con el Señor en establecer su reino.

17

Cuando sientes que no quieres saber más de la iglesia

Necesito la iglesia (Efesios 2:19-22; 5:25; 1 Corintios 12:12-27; Hebreos 10:25). La iglesia es importante para Dios y debe serlo para nosotras. Jesús ama a la Iglesia y murió por ella. Todo hijo de Dios es parte de la Iglesia, del Cuerpo de Cristo. Cada miembro del Cuerpo necesita de los otros, y fuimos llamados a funcionar como un cuerpo. Tú podrías ser las manos, los pies o los ojos. El cuerpo necesita que tú desempeñes tu función. La Palabra de Dios nos alienta a no dejar de reunirnos como Cuerpo de Cristo. Tú crecerás mejor en la iglesia, con todo y lo imperfecta que es. Persevera. Valdrá la pena.

18 Cuando sientes que una carrera profesional es más satisfactoria y valiosa que el matrimonio y la maternidad

Si Dios me llama a ser esposa y madre, ese es uno de los llamados más grandes (Tito 2:4-5). El matrimonio y la maternidad son el plan de Dios para la mayoría de las mujeres. Las jóvenes han de gozarse en este llamado y prepararse para llevarlo a cabo en el momento en que Dios revele que esa es su voluntad para ellas. A diferencia de lo que dice la cultura, ninguna carrera, pasatiempo, relación o prioridad es más importante. Fundar un hogar, unirse a un hombre para glorificar a Dios en este mundo, nutrir las vidas de los hijos y los nietos e instruir y formar a la siguiente generación es un llamado elevado y santo que tiene un valor eterno.

19 Cuando te sientes tentada a sacrificar la santidad por la gratificación inmediata

La santidad personal es más importante que la felicidad inmediata (Efesios 5:26-27). Dios no nos salvó para hacernos felices en lo inmediato, sino "para redimirnos de toda iniquidad y purificar para sí un pueblo propio, celoso de buenas obras" (Tito 2:14). El Señor Jesús no vino a este mundo a morir para que pudiéramos vivir para nosotras mismas y darnos placer, sino para que gocemos de la libertad para vivir una vida que es agradable a Él. A veces agradar a Dios requiere sacrificios. Sin embargo, cualquier sacrificio que hacemos es momentáneo, y no puede compararse con el gozo y la plenitud que obtendremos en la eternidad. Solo si andamos en pos de la santidad experimentaremos verdadera felicidad.

20 Cuando te obsesionas con que Dios arregle tus problemas

A Dios le interesa más cambiarme y glorificarse en mi vida que solucionar mis problemas (Romanos 8:29). Cuando la vida se pone difícil nuestro instinto natural es pedir soluciones y encontrar la salida a nuestros problemas. Por lo general, cuando pensamos de esa manera nos sentimos desanimadas y enojadas si Dios no "coopera" con nuestra agenda. Lo que más le interesa a Dios es que nosotras reflejemos su gloria. Algunos de los problemas que más nos molestan son en realidad instrumentos con los que Él se propone hacernos más semejantes a Jesús. Exigir que Él provea una solución o un escape a esa situación imposible puede llevarnos a perder un mayor bien que Él busca traer a nuestra vida.

21 Cuando no entiendes una dificultad que enfrentas

Es imposible ser piadosa sin sufrimiento (2 Corintios 4:17; 1 Pedro 5:10). El sufrimiento nos lleva a una perspectiva completamente nueva cuando comprendemos que es una herramienta esencial en las manos de Dios para conformarnos a la imagen de Jesús. El crecimiento espiritual sucede cuando aceptamos las dificultades en vez de huir de ellas o resentirnos por ellas.

22 Cuando quieres que las cosas se hagan a tu manera

Yo no soy la más importante, sino Él (Colosenses 1:16-18; Apocalipsis 4:11). El mundo no fue creado para girar alrededor de nosotras. El universo entero fue creado para girar en torno a Cristo. Si nuestra meta en la vida es ser felices, aceptadas o amadas, entonces todo lo que amenace nuestro bienestar será un enemigo o un obstáculo que nos impide lograr nuestro objetivo. Por el contrario, cuando estamos de acuerdo con Dios en que existimos para agradarle a Él y glorificarle, podemos aceptar todo lo que sucede en nuestra vida como parte de su voluntad y propósito soberanos. Así no vamos a ofendernos, ni a oponernos ni a rechazar las dificultades, sino que las recibiremos como "amigas" enviadas por Dios para hacernos como Jesús y darle gloria.

Esperamos que abraces estas verdades y las atesores en tu corazón. Con el fin de ayudarte, hemos incluido para ti una sección especial al final del libro (p. 215). Te animamos a:

Poner la lista en un lugar visible de tu habitación, tu casillero o en cualquier lugar donde puedas verla todos los días.

Revisar estas verdades una y otra vez, sin cesar, y leerlas con frecuencia en voz alta hasta que tu pensamiento se ajuste a la manera de pensar de Dios.

Memorizar los pasajes clave que corresponden a cada verdad.

Hacer copias de la lista y repartir a tus amigas. Recuérdense mutuamente verdades específicas que se aplican a las situaciones que vive cada una.

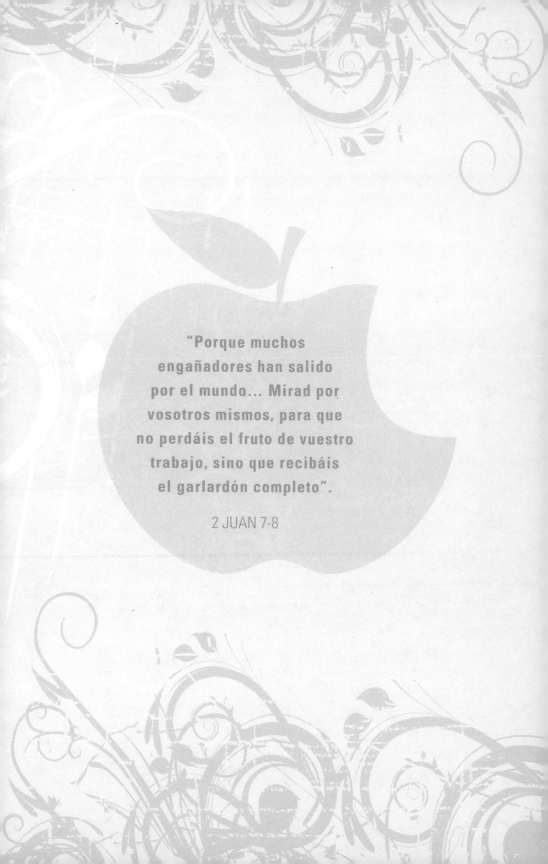

"Porque muchos
engañadores han salido
por el mundo... Mirad por
vosotros mismos, para que
no perdáis el fruto de vuestro
trabajo, sino que recibáis
el garlardón completo".

2 JUAN 7-8

Palabras finales

De corazón a corazón

¿Recuerdas cómo empezamos este libro? Te pedimos imaginar que mientras dormías en tu casa, nosotras percibimos un olor a humo y escuchamos el crujido del fuego proveniente de tu habitación. Prometimos que no perderíamos tiempo pensando si te molestaría que golpeáramos tu puerta o te sacudiéramos para despertarte. Si tú estuvieras en una casa en llamas, le daríamos prelación a tu seguridad antes que a tu comodidad.

¡De veras que hemos intentado despertarte!

Quizá no has estado de acuerdo con nosotras en algunas partes del libro e incluso has llegado a enojarte en algún momento. Luchar contra las llamas puede ser un trabajo ingrato.

¡Pero sí que vale la pena salvar una vida!

¿CÓMO HA CAMBIADO TU VIDA DESDE QUE EMPEZAMOS? Esperamos que haya recibido una buena dosis de la verdad refrescante de Dios.

La presencia de Dios es un milagro refrescante de agua viva con la que puedes extinguir las mentiras flagrantes con las que Satanás intenta atacar tu vida. Y ese fluir de agua viva es Jesucristo. Recuerda que la verdad no es una simple idea o una filosofía, como sugieren tantas cosmovisiones en boga en la actualidad. La verdad es una persona: el Señor Jesucristo. Él dijo de Sí mismo: "Yo soy el camino, y la verdad, y la vida" (Juan 14:6). Jesús no hizo referencia alguna a un sistema religioso o a un código de conducta. Él aludió a Sí mismo:

"Si vosotros permaneciereis en mi palabra,
seréis verdaderamente mis discípulos;
y conoceréis la verdad,
y la verdad os hará libres…
Así que, si el Hijo os libertare,
seréis verdaderamente libres"

(Juan 8:31-32, 36).

Recuerda: la verdadera libertad se encuentra en una relación vital y creciente con Jesucristo. Jesús (la Palabra viviente de Dios) se ha revelado en las Escrituras (la Palabra escrita de Dios). Si queremos conocerle, debemos consagrarnos a la lectura, el estudio y la meditación de la Palabra escrita. No existen alternativas ni atajos. El enemigo no cesa de lanzarnos sus mentiras. Para hacer frente a su engaño, nuestra mente y nuestro corazón deben estar llenos del Señor Jesús y saturados de su Palabra.

CON TODO, NO BASTA CONOCER LA VERDAD.

Debemos también someternos a ella, lo cual significa que debemos estar dispuestas a cambiar nuestra manera de pensar y de vivir en cualquier área que no se conforme con la verdad tal como ha sido revelada en la Palabra de Dios.

Hay millones de adolescentes que a pesar de llamarse cristianas y participar en sus grupos juveniles, viven engañadas y llevan un estilo de vida que es contrario a la Biblia. Sus valores, sus respuestas, sus relaciones, sus elecciones y sus prioridades revelan que han caído en las mentiras del enemigo y que han abrazado la manera de pensar del mundo.

Vivir conforme a la verdad requiere un ejercicio consciente de rechazar el engaño y de abrazar la verdad. Por eso el salmista oró:

"Aparta de mí el camino
de la mentira…
escogí el camino de la verdad"
(Salmo 119:29-30).

¿Le pedirías a Dios que te libre y te guarde de cualquier mentira que pueda haber anidado en tu mente y tu corazón? ¿Te propondrías en tu corazón escoger "el camino de la verdad?". No siempre será fácil, y en ocasiones será realmente difícil. Aún así, el camino de la verdad es el camino a la verdadera bendición y gozo.

Aunque no podemos explicarlo, te amamos. En verdad que sí. Queremos que Dios te libre de las mentiras de este mundo. Queremos que abraces plenamente la vida, la vida de Dios que mora en tu interior.

Queremos que disfrutes la libertad que Él vino a darte.

Queremos que en tu vida se cumpla cada propósito para el cual Dios te creó.

Y oramos porque Dios use tu vida para ayudar a otros en tu generación y en la venidera, a fin de que experimenten la gran libertad y el gozo de andar en la verdad.

Agradecimientos

Detrás de cada libro hay una historia de cómo fue posible su realización. En esa historia hay personajes que le dan vida. Quisiéramos agradecer a la mayoría de ellos y en orden de aparición (tal como aparecen los créditos al final de una película). *Gracias a…*

Greg Thornton y el equipo de Moody Publishers. Greg ha trabajado con nosotras durante más de dos décadas. Sentimos una gran admiración por su liderazgo sabio y piadoso tanto en nuestras publicaciones como en nuestra vida personal. Este libro fue idea suya, así como unirnos para escribirlo juntas en 2006.

Otros miembros nuevos del equipo de Moody nos han acompañado en la realización de esta edición revisada. *Gracias,* Randall Payleitner, Judy Dunagan, Connor Sterchi, Eric Peterson y otros que con tanta amabilidad han servido detrás de bambalinas.

Erin Davis. Desde que escribimos la primera edición de este libro, Erin ha sido nuestra querida líder de los grupos de discusión a nivel nacional. Ella se ha encontrado con cientos de jovencitas y ha realizado un gran número de entrevistas con el objetivo de ayudarnos a comprender realmente lo que ustedes piensan. Para esta revisión, Erin asumió el cargo de editora. Trabajó arduamente en el libro que en este momento tienes en tus manos. ¿Cómo podríamos agradecerle lo suficiente?

Mike Neises y el equipo de Revive Our Hearts. Es una bendición para Nancy que Mike supervise cada detalle de su ministerio editorial. Él invirtió mucho tiempo en la asociación entre Moody Publishers, Revive Our Hearts y Pure Freedom para la realización de este proyecto. ¡Gracias Mike!

Robert Wolgemuth y Asociados. En la primera edición de este libro, Robert Wolgemuth era mi representante (habla Nancy). Ahora se ha convertido en mi esposo. Esa es una historia asombrosa para otro libro. (¡Te amo, precioso!). Y Erik Wolgemuth, haz sido un regalo una gran ayuda en el proceso de realización de esta edición actualizada.

Jennifer Lyell, una querida amiga que fue miembro indispensable del equipo original para este proyecto. Durante esta revisión reciente ella fue consejera y guerrera de oración.

Amigos que sirvieron en un sinnúmero de formas coordinando los grupos de discusión, participando en los grupos, haciendo investigación minuciosa, leyendo y comentando el manuscrito y mucho más. Un agradecimiento especial a *Jessie Minassian* y a *Dree Hogue* por su ayuda en la revisión del libro original y por sus ideas y sugerencias valiosas para esta versión actualizada.

Amigos que oraron por nosotras en cada etapa del proceso. Son quienes nos sostuvieron en todas las prolongadas jornadas y cada noche que trabajamos hasta tarde. El Señor oyó sus oraciones y nos llenó de fortaleza y gozo constantes en este proyecto. Las vidas que recibirán bendición por medio de este libro son el fruto de su amor y de su trabajo fiel en oración.

Bob, Robby y Aleigha, Lexi y Autumn Gresh. Bob ha colaborado siempre como mi representante (habla Dannah) y su apoyo emocional me ha ayudado a permanecer confiada y a concentrarme durante esta labor cuando, en ocasiones, el enemigo trató de hacerme creer mentiras que yo consideraba superadas hacía mucho tiempo. Nuestros hijos han crecido desde la primera publicación de este libro, y Robby ha traído a la familia a su amada esposa Aleigha. En aquella primera edición nuestros hijos adolescentes nos brindaron muchos consejos. Gracias por apoyar siempre a su mamá.

Jesús. Gracias por unir nuestros corazones y por ser la verdad que nos ha hecho libres. Te amamos.

Nancy y Dannah

Capítulo 1: El engañador

1. "Ten Leading Causes of Death by Age Group, United States – 2014", National Vital Statistics System, National Center for Health Statistics, CDC, https://www.cdc.gov/injury/images/lccharts/leading_causes_of_death_age_group_2014_1050w760h.gif.

2. http://dictionary.reference.com/browse/lie.

3. "Youth Risk Behavior Surveillance System", https://www.cdc.gov/healthy-youth/data/yrbs/index.htm.

4. Dennis Thompson, "U.S. Teens Less Sweet on Soft Drinks", 7 de julio de 2016, https://consumer.healthday.com/diabetes-information-10/sugar-health-news-644/u-s-teens-less-sweet-on-soft-drinks-712485.html.

5. Tim Elmore, "Responding to Five Trends in Youth Morality (Part 1)", 22 de julio de 2014, http://www.huffingtonpost.com/tim-elmore/responding-to-five-trends_b_5605885.html.

Capítulo 2: La engañada

1. Becky Freeman, *Mom's Everything Book for Daughters* (Grand Rapids: Zondervan, 2002), p. 29.

2. Ibíd, p. 30

Capítulo 3: La verdad

1. http://dictionary.reference.com/browse/truth.

Capítulo 4: Mentiras acerca de Dios

1. Christian Smith y Melinda Lundquist Denton, *Soul Searching: The Religious and Spiritual Lives of American Teenagers* (Nueva York: Oxford University Press), pp. 68, 69.

2. "Most teens believe prayers are answered, study finds", http://www.biblicalrecorder.org/content/news/2004/5_13_2004/ne130504bmost.shtml.

Capítulo 5: Mentiras acerca de Satanás

1. Timothy Tutt, "The Modern Church Doesn't Need a Make-Believe Devil", https://www.onfaith.co/onfaith/2014/05/15/the-modern-church-doesnt-need-a-make-believe-devil/32086.

2. El libro de Job afirma que Satanás debió contar con el permiso de Dios para dañar a quienes le pertenecen. En la narrativa de Job, Satanás actúa bajo la directiva de Dios. Pasajes como Job 6:4; 7:14; 9:17 señalan a Dios como quien toma en última instancia la decisión de darle o no a Satanás la libertad de atacar a Job.

3. En 2 Corintios 12:7-10, por ejemplo, vemos que fue enviado un mensajero de Satanás para desanimar a Pablo. Satanás en persona no fue quien lo hizo.

4. Jeff Hindenach, "Study: Younger Generation Could Be Paying Credit Debt Until They Die", *The Huffington Post*, 18 de marzo de 2013.

5. "Pornography Statistics 2003", *Internet Filter Review*, 2004, (12 de enero de 2004). Citado en http://www.family.org/socialissues/A000001155.cfm.

6. David Kinnaman, "Teens & the Supernatural", *Ministry to Mosaics* (Vol. 1) (Ventura, CA: Barna, 2006) p. 15.

7. http://en.wikipedia.org/wiki/Yoga.

8. David Kinnaman, "Teens & the Supernatural", p. 15.

9. http://biblehub.com/interlinear/galatians/5.htm.

Capítulo 6: Mentiras acerca de mí misma

1. Jeff Shewe, "Kate Doesn't Like Photoshop: Digital Ethics", www.photoshopnews.com/2005/04/03/kate-doesn't-like-photoshop/.

2. Bob Smithouser, "They Said It!", *Brio*, julio, 2007, p. 15.

3. Jenna Gordreau, "Are Millennials 'Deluded Narcissists'?", 15 de enero de 2013, http://www.forbes.com/sites/jennagoudreau/2013/01/15/are-millennials-deluded-narcissists/#7b277ce35ac2.

4. The American Freshman: National Norms Fall 2016, https://heri.ucla.edu/.

5. Kevin Eagan *et al.*, "The American Freshman: National Norms Fall 2015", https://www.heri.ucla.edu/monographs/TheAmericanFreshman2015.pdf.

Capítulo 7: Mentiras acerca de la sexualidad

1. https://www.blueletterbible.org/lang/lexicon/lexicon.cfm?strongs=1&t=KJV.

2. *La Biblia de estudio de MacArthur* (Nashville, TN: Grupo Nelson, 2012), Cantar de los Cantares 3:5.

3. Dr. Joe McIlhaney, *Building Healthy Futures* (Austin, TX: Medical Institute for Sexual Health, 2000) p. 25.

4. Robert T. Michael, John H. Gagnon, Edward O. Laumann y Gina Kolata, *Sex in America* (Nueva York: Warner Books,1995), pp. 124, 125.

5. Debbi Farr Baker "SDSU Study: Sex for Women is Earlier, With Less Guilt", *San Diego Union Tribune*, 4 de octubre de 2005. (Cita de un estudio de la Universidad estatal de San Diego).

6. Richard Leonard, *Movies that Matter: Reading Film through the Lens of Faith*, (Chicago: Loyola Press, 2006), p. 47.

Capítulo 8: Mentiras acerca de las relaciones

1. Suzy Weibel, *Secret Diary Unlocked: My Struggle to Like Me* (Chicago: Moody Publishers, 2007), pp. 16, 52.

2. Michael Gurian, *The Wonder of Girls: Understanding the Hidden Nature of our Daughters* (Nueva York: Atria Books, 2003) p. 128.

Capítulo 9: Mentiras acerca de mi fe

1. Joe Neill, "Staying Power When the Door Looks Sooooooo God", http://www.youthspecialities.com/articles/topics/power/staying.php.

2. *American Heritage Dictionary*.

3. Libby Lovelace, "Lifeway Examines Teenagers' Views On How To Get To Heaven", Lifeway.com, mayo, 2007.

Capítulo 10: Mentiras acerca del pecado

1. Nancy Leigh DeMoss, *Brokenness: The Heart God Revives* (Chicago: Moody, 2005) p. 143. Publicado en español por Editorial Portavoz con el título *Quebrantamiento: el corazón avivado por Dios*.

2. "Texting While Driving", https://en.wikipedia.org/wiki/Texting_while_driving.

3. Erin Schumaker, "10 Statistics That Capture the Dangers of Texting and Driving", 7 de julio de 2015, http://www.huffingtonpost.com/2015/06/08/dangers-of-texting-and-driving-statistics_n_7537710.html.

Capítulo 11: Mentiras acerca de los medios

1. Lauren E. Sherman *et al.*, "The Power of the Like in Adolecence", 31 de mayo de 2016, http://journals.sagepub.com/doi/abs/10.1177/0956797616645673.

2. Bob Smithouser, *Movie Nights For Teens* (Chicago: Tyndale House Publishers, 2005), p. 2.

3. Ibíd, p. 2.

4. Ibíd, p. 1. Cita de Stephen King en *Entertainment Weekly*, noviembre, 2003.

5. R. W. White, "Self-Concept in School Adjustment", *Personnel and Guidance Journal*, vol. 46, 1976, pp. 478-81.

Capítulo 12: Mentiras acerca del futuro

1. Ted Olsen, Editor, "Go Figure", *Christianity Today*, junio, 2007, p. 16.

2. "Letters to the Editor", *People*, 2 de julio de 2007, p. 8.

Capítulo 13: Cómo dejar de alimentar mentiras

1. Beth Moore, *Feathers From My Nest* (Nashville: Broadman and Holman Publishers, 2001), p. 156.

COLOCA ESTA LISTA
en tu habitación, en tu
casillero o en cualquier
lugar donde puedas
verla todos los días.

Vence las mentiras con la verdad

✢ **CUANDO** tengo un día muy malo y me siento tentada a creer que Dios no es bueno. **Dios es bueno.** • "Alabad a Jehová, porque él es bueno" (Salmo 136:1).

✢ **CUANDO** me siento lejos de Dios y es tentador sentir que no me ama. **Dios me ama y quiere darme lo mejor.** • "Por lo cual estoy seguro de que ni la muerte, ni la vida, ni ángeles, ni principados, ni potestades, ni lo presente, ni lo por venir, ni lo alto, ni lo profundo, ni ninguna otra cosa creada nos podrá separar del amor de Dios, que es en Cristo Jesús Señor nuestro" (Romanos 8:38-39).

✢ **CUANDO** me siento gorda o fea. **Dios me creó como su obra maestra.** • "Te alabaré; porque formidables, maravillosas son tus obras; estoy maravillado, y mi alma lo sabe muy bien" (Salmo 139:14)

✢ **CUANDO** me siento rechazada. **Dios me acepta por medio de Cristo.** • "Según nos escogió en él antes de la fundación del mundo… en amor habiéndonos predestinado para ser adoptados hijos suyos por medio de Jesucristo, según el puro afecto de su voluntad, para alabanza de la gloria de su gracia, con la cual nos hizo aceptos en el Amado" (Efesios 1:4-6).

✢ **CUANDO** siento que necesito más "cosas" y que mis deseos me consumen. **Dios es suficiente.** • "Jehová es mi pastor; nada me faltará" (Salmo 23:1). • "Contentos con lo que tenéis ahora; porque él dijo: No te desampararé, ni te dejaré" (Hebreos 13:5).

✢ **CUANDO** me preocupan mis circunstancias. **Puedo confiar en Dios.** • "Encomienda a Jehová tu camino, y confía en él; y él hará" (Salmo 37:5).

✢ **CUANDO** siento que algo que me ha sucedido arruinará mi vida para siempre. **Dios no comete errores.** • "En cuanto a Dios, perfecto es su camino" (Salmo 18:30). • "Jehová cumplirá su propósito en mí; tu misericordia, oh Jehová, es para siempre" (Salmo 138:8).

✢ **CUANDO** siento que no puedo manejar un problema que enfrento. **La gracia de Dios es suficiente para mí.** • "Y me ha dicho: Bástate mi gracia; porque mi poder se perfecciona en la debilidad. Por tanto, de buena gana me gloriaré más bien en mis debilidades, para que repose sobre mí el poder de Cristo" (2 Corintios 12:9).

✢ **CUANDO** siento que mi pecado es demasiado grande para ser perdonado. **La sangre de Cristo es suficiente para cubrir todo mi pecado.** • "Pero si andamos en luz, como él está en luz, tenemos comunión unos con otros, y la sangre de Jesucristo su Hijo nos limpia de todo pecado" (1 Juan 1:7).

✢ **CUANDO** siento que nunca podré vencer un hábito pecaminoso. **La cruz de Cristo es suficiente para someter mi carne pecaminosa.** • "Sabiendo esto, que nuestro viejo hombre fue crucificado juntamente con él, para que el cuerpo del pecado sea destruido, a fin de que no sirvamos más al pecado. Porque el que ha muerto, ha sido justificado del pecado" (Romanos 6:6-7).

✢ **CUANDO** siento que mi potencialidad está limitada por mi pasado. **Mi pasado no tiene que controlar mi futuro.** • "De modo que si alguno está en Cristo, nueva criatura es; las cosas viejas pasaron; he aquí todas son hechas nuevas" (2 Corintios 5:17).

✢ **CUANDO** siento que no sé dónde buscar ayuda y consejo. **La Palabra de Dios es suficiente para guiarme, enseñarme y sanarme.** • "La ley de Jehová es perfecta, que convierte el alma; el testimonio de Jehová es fiel, que hace sabio al sencillo" (Salmo 19:7). • "Envió su palabra, y los sanó, y los libró de su ruina" (Salmo 107:20). • "Lámpara es a mis pies tu palabra, y lumbrera a mi camino" (Salmo 119:105).

✦ **CUANDO** siento que Dios me pide algo que es imposible. **Por medio del poder de su Espíritu Santo, Dios me facultará para llevar a cabo todo lo que me manda hacer.** • "Fiel es el que os llama, el cual también lo hará" (1 Tesalonicenses 5:24). • "Todo lo puedo en Cristo que me fortalece" (Filipenses 4:13).

✦ **CUANDO** quiero culpar a otros de mis reacciones. **Soy responsable delante de Dios por mi comportamiento, mis respuestas y mis elecciones.** • "El hijo no llevará el pecado del padre, ni el padre llevará el pecado del hijo; la justicia del justo será sobre él, y la impiedad del impío será sobre él" (Ezequiel 18:20).

✦ **CUANDO** siento que mis decisiones presentes carecen de importancia. **Mis decisiones presentes afectarán mi futuro.** • "No os engañéis; Dios no puede ser burlado: pues todo lo que el hombre sembrare, eso también segará. Porque el que siembra para su carne, de la carne segará corrupción; mas el que siembra para el Espíritu, del Espíritu segará vida eterna" (Gálatas 6:7-8).

✦ **CUANDO** siento que someterme a una autoridad me hará perder mi libertad. **La mayor libertad que puedo experimentar se encuentra en someterme a la autoridad establecida por Dios.** • "Recuérdales que se sujeten a los gobernantes y autoridades, que obedezcan" (Tito 3:1).

✦ **CUANDO** siento que no quiero saber más de la iglesia. **Yo necesito la iglesia.** • "Pero ahora son muchos los miembros, pero el cuerpo es uno solo. Ni el ojo puede decir a la mano: No te necesito, ni tampoco la cabeza a los pies: No tengo necesidad de vosotros… para que no haya desavenencia en el cuerpo, sino que los miembros todos se preocupen los unos por los otros" (1 Corintios 12:20-21, 25). • "No dejando de congregarnos, como algunos tienen por costumbre, sino exhortándonos; y tanto más, cuanto veis que aquel día se acerca" (Hebreos 10:25).

✦ **CUANDO** siento que una carrera profesional es más satisfactoria y valiosa que el matrimonio y la maternidad. **La Palabra de Dios tiene en gran estima los papeles del matrimonio y la maternidad.** • "Que enseñen a las mujeres jóvenes a amar a sus maridos y a sus hijos, a ser prudentes, castas, cuidadosas de su casa, buenas, sujetas a sus maridos, para que la palabra de Dios no sea blasfemada" (Tito 2:4-5).

✦ **CUANDO** soy tentada a sacrificar la santidad por la gratificación inmediata. **La santidad personal es más importante que la felicidad inmediata.** • "[Cristo] se dio a sí mismo por nosotros para redimirnos de toda iniquidad y purificar para sí un pueblo propio, celoso de buenas obras" (Tito 2:14).

✦ **CUANDO** me obsesiono con que Dios arregle mis problemas. **A Dios le interesa más cambiarme y glorificarse que solucionar mis problemas.** • "según nos escogió en él antes de la fundación del mundo, para que fuésemos santos y sin mancha delante de él… según el puro afecto de su voluntad, para alabanza de la gloria de su gracia" (Efesios 1:4-6). • "Y el mismo Dios de paz os santifique por completo; y todo vuestro ser, espíritu, alma y cuerpo, sea guardado irreprensible para la venida de nuestro Señor Jesucristo" (1 Tesalonicenses 5:23).

✦ **CUANDO** no entiendo una dificultad que enfrento. **Es imposible ser piadoso sin sufrimiento.** • "Mas el Dios de toda gracia, que nos llamó a su gloria eterna en Jesucristo, después que hayáis padecido un poco de tiempo, él mismo os perfeccione, afirme, fortalezca y establezca" (1 Pedro 5:10).

✦ **CUANDO** quiero que las cosas se hagan a mi manera. **Yo no soy la más importante, sino Él.** • "Porque de él, y por él, y para él, son todas las cosas. A él sea la gloria por los siglos. Amén" (Romanos 11:36).

"No [tenemos] mayor gozo
que este, el oír que [ustedes]
andan en la verdad".

3 JUAN 4

CRÉDITOS DE FOTOGRAFÍAS E IMÁGENES

Y la novia
se vistió de blanco

Siete secretos para lograr la pureza sexual

DANNAH GRESH

Con más de 100.000 ejemplares vendidos en inglés, esta edición actualizada está ahora disponible en español. Este libro revela las mentiras de nuestra cultura acerca del sexo y prepara a las jóvenes para las presiones del mundo. Esta edición especial incluye decenas de historias y testimonios personales, todos narrados con humor y perspicacia que inspiran.

GUÍA DE ESTUDIO EDICIÓN ACTUALIZADA

MENTIRAS QUE LAS *Jóvenes* CREEN

Y LA VERDAD QUE LAS HACE LIBRES

NANCY DeMOSS WOLGEMUTH Y DANNAH GRESH CON ERIN DAVIS

Esta guía complementaria se compone de las siguientes características:
- una descripción general del capítulo que se estudiará de *Mentiras que las jóvenes creen* y recordatorios de las mentiras discutidas en ese capítulo;
- un estudio personal diario para completar durante el transcurso de la semana;
- preguntas para ser discutidas en grupos de jóvenes o grupos pequeños.

VERSIÓN REVISADA Y AMPLIADA

MENTIRAS QUE LAS *Mujeres* CREEN

Y LA VERDAD QUE LAS HACE LIBRES

NANCY DeMOSS WOLGEMUTH

Desde su primer lanzamiento en 2001, *Mentiras que las mujeres creen* ha vendido más de un millón de ejemplares, y ha sido traducido a veintiséis idiomas. Miles de cartas y correos electrónicos dan fe de la transformación profunda y duradera que este libro ha producido en la vida de las mujeres alrededor del mundo.

En esta edición revisada y ampliada, Nancy DeMoss Wolgemuth comunica este mensaje liberador a una nueva generación. *Mentiras que las mujeres creen* presenta cuarenta y cinco mentiras que las mujeres cristianas creen con mayor frecuencia; mentiras acerca de Dios, ellas mismas, las prioridades, las emociones, el matrimonio y la maternidad, entre otras. El libro ofrece el único medio para confrontar, contrarrestar y vencer el engaño: la verdad de Dios

GUÍA DE ESTUDIO REVISADA Y AMPLIADA

MENTIRAS
QUE LAS
Mujeres
CREEN

Y LA VERDAD QUE LAS HACE LIBRES

NANCY DeMOSS WOLGEMUTH

La guía de estudio de *Mentiras que las mujeres creen* está compuesta de diez sesiones y está diseñada para individuos y grupos pequeños.

Cada capítulo incluye las siguientes características:

- En pocas palabras: le ofrece una descripción general del capítulo que se estudiará de Mentiras que las mujeres creen.
- Explorando la verdad: ofrece un estudio personal diario para completar durante el transcurso de la semana.
- Caminar juntos en la verdad: brinda preguntas para discutir cuando se reúna su grupo pequeño.

EDITORIAL PORTAVOZ

NUESTRA VISIÓN

Maximizar el efecto de recursos cristianos de calidad que transforman vidas.

NUESTRA MISIÓN

Desarrollar y distribuir productos de calidad —con integridad y excelencia—, desde una perspectiva bíblica y confiable, que animen a las personas a conocer y servir a Jesucristo.

NUESTROS VALORES

Nuestros valores se encuentran fundamentados en la Biblia, fuente de toda verdad para hoy y para siempre. Nosotros ponemos en práctica estas verdades bíblicas como fundamento para las decisiones, normas y productos de nuestra compañía.

Valoramos la excelencia y la calidad.
Valoramos la integridad y la confianza.
Valoramos el mérito y la dignidad de los individuos y las relaciones.
Valoramos el servicio.
Valoramos la administración de los recursos.

Para más información acerca de nuestra editorial y los productos que publicamos visite nuestra página en la red: www.portavoz.com.